◆ 青少年感恩心语丛书 ◆

# 父母是最好的老师

◎战晓书 编

吉林人民出版社

**图书在版编目(CIP)数据**

父母是最好的老师 / 战晓书编. -- 长春：吉林人民出版社, 2012.7

(青少年感恩心语丛书)

ISBN 978-7-206-09123-0

Ⅰ.①父… Ⅱ.①战… Ⅲ.①家庭教育 Ⅳ.①G78

中国版本图书馆CIP数据核字(2012)第150854号

# 父母是最好的老师
FUMU SHI ZUIHAO DE LAOSHI

| | |
|---|---|
| 编　者：战晓书 | |
| 责任编辑：王　磊 | 封面设计：七　洱 |

吉林人民出版社出版 发行（长春市人民大街7548号 邮政编码：130022）

印　　刷：北京市一鑫印务有限公司

开　　本：670mm×950mm　1/16

印　　张：12.625　　　　字　　数：200千字

标准书号：ISBN 978-7-206-09123-0

版　　次：2012年7月第1版　　印　　次：2021年8月第2次印刷

定　　价：45.00元

如发现印装质量问题，影响阅读，请与出版社联系调换。

# 目录
CONTENTS

父爱如禅 / 001

与母亲有关的几个日子 / 004

教育孩子的六个误区 / 007

父亲的打油诗 / 012

望子成"人" / 014

培养孩子主动进取的方法 / 016

父　爱 / 020

谢谢歧视之恩 / 022

父亲的那一声断喝 / 025

一句话　二十年 / 028

怎样培养孩子的自信 / 030

教育孩子的十大误区 / 036

不妨"背起一只手" / 043

保护孩子的"闪光点" / 045

上帝给我一个任务 / 048

郭敬明17岁的涂鸦 / 052

# 目录
## CONTENTS

一样不一样 / 055

怕你被人伤害 / 058

伤痕是命运馈赠的花纹 / 061

孩子的眼中有你 / 064

父亲惩罚我酒驾 / 067

最美的卡通 / 070

红尘里的坚守 / 073

30秒的拥抱 / 078

家乡的路 / 081

发现母亲为我们做的每一点 / 084

失去与得到 / 088

妈妈的心是快乐的 / 090

父爱很疼 / 092

身教胜于言教 / 095

务虚务实与匹夫匹妇 / 097

我们都被攀比了 / 099

# 目录
## CONTENTS

是母亲就有勇气 / 101

角落里的垃圾车 / 103

阳光的位置 / 108

母亲替我做母亲 / 110

我收到的最好的礼物 / 113

父亲的家信 / 117

那些轻描淡写的背后 / 120

勿以恶小而为之 / 123

交往是一幅留白的画 / 125

善良的种子早点儿种 / 127

错　位 / 130

我的摆渡人 / 134

让你的天使看到"天使在擦窗" / 137

沉甸甸的母爱 / 140

妈妈的咒语最灵验 / 143

共同的牵挂 / 144

# 目录
## CONTENTS

| | |
|---|---|
| 你是我的生命 | / 146 |
| 背向大地的爱 | / 148 |
| 如何指导孩子做家务 | / 151 |
| 状元母亲的"教女之道" | / 154 |
| "望子成龙"不如"做个样子" | / 161 |
| 今天我们怎样做父亲？ | / 164 |
| 乔丹之母教子 | / 171 |
| 哭哇！累呀！好一个状元父亲 | / 174 |
| 母亲教我学做人 | / 187 |
| 老三为什么最孝顺 | / 191 |
| 每朵花都本应芬芳 | / 193 |

## 父爱如禅

　　那一天的情景，在我困倦、懈怠的时候，在寂寞的午夜，如电影中的慢镜头，清晰地浮现在眼前……

　　是1991年秋天，大学新生报到的日子。清晨4点钟，父亲轻轻叫醒我说他要走了。我懵懂着爬起身，别的新生都在甜美地酣睡着，此刻他们心里该是怎样一个美好而幸福的梦想啊！而我由于心脏病，学校坚持必须经过医院专家组的严格体检方能接收。前途未卜，世路茫茫，一种被整个世界抛弃了的感觉包围着我，心里是一片荒芜与凄苦。呆了许久，我说，你不能等我体检后再回去吗？话里带着哭腔。父亲抽出支烟，却怎么也点不着。我说你拿倒了，父亲苦笑，重新点燃，狠狠吸了两口。我突然发现地下一堆烟头，才知道半夜冻醒时那闪闪灭灭的烟头不是梦境，父亲大概一夜未睡吧！

　　沉默。同学们一片鼾声。

　　"你知道的，我工作忙。"父亲拿烟的手有些颤抖，一脸的愧疚，"我没有7天时间陪你等专家组的。"

　　又沉默了好久，烟烧到了尽头，父亲却浑然不觉。我说你走吧，我送送你。

父亲在前，我在后，谁也不说话。下楼梯的时候，明亮灯光下父亲头上的白发赫然刺痛了我的眼睛。一夜之间，父亲苍老了许多。

白天热闹的城市此时一片冷清，路上一个行人也没有，只有我们父子俩。一些不知名的虫子躲在角落里哀怨地怪叫着。

到了十字路口，父亲突然站住，回过头仔细看了我一眼，努力地一笑，又轻轻地拍了拍我的肩头："没什么事的。你回去吧！"然后转过身走了。

我大脑里一片茫然，只是呆呆地看着他一步步离去，努力地捕捉着昏黄路灯下父亲的身影。我希望父亲再回一下头，再看看不曾离开他半步、他最喜爱的儿子。却只看见父亲的脚步有些犹豫，有些踉跄，甚至有一霎那，父亲停了一下，然而倔强的父亲始终再没转过身。又不知过了多久，我才发觉父亲早已在我的视线里消失，转身回去的一瞬间，泪水突然夺眶而出。

7日后体检顺利通过，我兴奋地打电话告诉父亲，父亲却淡淡地说："那是一定的。"

只是后来母亲凄然地告诉我，在等待体检的那些日子里，平日雷厉风行、干练的父亲一下子变得婆婆妈妈起来，半夜里会突然惊醒大叫着我的乳名，吃饭时会猛然问母亲我在那个城市里是否水土不服，每天坐在电视机前目不转睛地看我所在城市的天气预报……听着听着，我的泪又出来了……

这些事父亲没有提起过,我也从没主动问及过。我明白,人世间的痛苦与劫难,有些是不能用语言交流的,即便是父子之间。

父爱如禅,不便问,不便说,只能悟。

(吕冬云)

# 与母亲有关的几个日子

### 看世界最后一眼

母亲最后一次去住院时,体重不会超过70斤。记得,母亲在病魔打盹的时候,掐着自己的大腿自嘲地说:"就剩下一层皮包骨了。"去住院的那天,母亲坚决不让我背她,连搀扶也不准,说是怕人笑话,跟得了多大病似的。其实,母亲早就知道她得的是食道癌。母亲穿着厚重的棉袄,一步步向停在院门前的面包车走去,还微笑着与街坊四邻打着招呼。上车后,母亲开始不停地喘着粗气,汗水像刚洗过澡似的流淌下来,苍白的脸上泛起了少见的红晕。这段路不足50米,但这段路就如母亲的人生短暂而艰辛……平静下来后,母亲说:"刚儿,你跟司机师傅说说,麻烦他能不能绕点远儿,从太原街走。"那时,太原街是沈阳最繁华热闹的地区了。我走到司机身边正欲开口,却见司机早已满脸泪水:"老太太,我今儿让您把沈阳城转个遍。"

一路上,母亲说个不停,哪哪儿是她老同志的家,哪哪儿是她照过相的照相馆，哪哪儿是她领我们看过电影的影院，哪哪儿是她带我们去过的公园……

三个小时后，车到了医院。"这可能是妈看沈阳最后一次了。"说完，母亲就哭了。

## 母亲的帆布包

乘12次列车到北京去看望住院的母亲。在锦州站，上来一位老妇人，她吃力地提着一箱15公斤重的苹果，坐在了我的对面。许是太累了，老妇人连喝了两大缸白开水，当她再让乘务员倒水时，开水没了。

"怎么不吃个苹果？"我问。老妇人笑着答："那是给儿子带的家乡特产，他在北京念大学呢。"她很自豪。"我每次去看母亲都是轻装，只带上足够的钱。一来列车上带东西不方便，二来也想让母亲多点选择的自由。"我条理清楚地说。老妇人听罢，说："那钱你母亲一分也不会动的。"她的语气很肯定，像个深邃的智者。"为什么？"我将信将疑，"母亲知道我是不缺钱花的呀！"老妇人笑而不答。……

匆匆走进病房，母亲正在睡觉。我轻手打开母亲掖在床边的那个用了十几年的帆布包，果然，我每次留给母亲的钱都一沓沓原封不动地放在那里。

两行热泪禁不住滴落到母亲那日渐消瘦的脸颊上。

## 母爱无限

那天下午两点，我没有任何事却鬼使神差地往家奔，还一路骑得飞快。到家时，母亲刚刚昏厥过去，我和三姐喊了好久，母亲才睁开眼。三姐说，母亲中午还破天荒地吃了七个饺子呢。母亲说了句"我刚才好像睡着了"，就又昏倒在父亲的怀里。母亲再次醒来时，见四个孩子都围在她身边，笑了，然后，眼睛直直地挨个打量。当医生的二姐小声告诉我，妈不行了。母亲好像也感觉到了，嘴里含糊不清地说着什么。我们姐四个都把耳朵凑到母亲嘴边，母亲跟每一个孩子都嘀咕一番谁也听不清的话，像是在叮嘱又像在劝慰，我们只能强忍泪水点头微笑。

但我们都听清了母亲的最后一句话："我要去医院，我不能死在家里。小刚这么小，他会害怕的。"声音异常清晰。

如今，母亲走了已经15年了，但每次想起母亲，这句话仍在我耳边回荡，不，是在我生命里回荡。

（张国庆）

# 教育孩子的六个误区

父母把自己的婚姻关系应摆在家庭中心地位。这有助于祛除孩子的自私。

家庭并无绝对民主,做出决定的最好是长者。

孩子想要的一切,满足25%就可以。不要有求必应,使他们毫无挫折感。

干家务会使他们具有成就感。

父母不要担心邻居孩子有新式玩具而自己孩子没有,会损害他们的自尊。

孩子在具备学习和阅读能力的三年级前,不要让他们看电视。

人们结婚就会生子。怎样抚育孩子才算得法,这方面我可算是个专家了。我当了近20年的父亲,不断摸索和积累了一些经验。我愿忠告天下父母在抚养孩子过程中不要步入下面六个误区。

**误区1** 孩子事事优先。除非是出生的头两年,孩子不需要不断地注意和关照。过多的关照会使他摆脱婴儿期形成的自我中心感造成困难,实际是在危害孩子。犹如给孩子吃不加限制的食物。孩子需要吃，但你给他买的太多，他会食零成癖。

父母把自己的婚姻关系应摆在家庭中心地位。这有助于祛除孩子的自私。

以前，我的朋友夫妻二人总是围着孩子转，几于把全身心的爱都奉献了孩子。但孩子并不知足而且忤逆不顺。的确，在那些以孩子为中心的家庭里，培养的孩子也习惯于以自我为中心，自私、乖戾。

现在，孩子们在晚餐前找到了自己可做的事情，乐意主动和父母们一起交谈。这些孩子显得独立、开朗、礼貌和幸福。婚姻幸福的家庭，其每个成员也是开朗幸福的，且有安全感。这样的家庭，夫妻间美满的婚姻关系总是摆在首位，破除了孩子事事优先的观念。

**误区2** 家庭绝对民主。年轻的父母常问我，怎样才能使孩子听话？我的回答很简单："你若想让他们听话，他们就会听话。"

我敢肯定大多数父母都希望孩子听话，同时我也敢肯定许多孩子不愿听话。造成这种遗憾的情形是父母的过失。他们把孩子心灵想得过于脆弱，为了避免伤害孩子，常常绕着弯子——如恳求，谈条件，贿赂，甚至恫吓来希望孩子听话。

当父母们做出一个孩子不喜欢的决定时，孩子常尖叫着质问："为什么？"这实际上是一种挑战，接受挑战，你不会取胜。无论你的解释多么有说服力，孩子仍然只看重自己的想法。最好不要有任何歉意或恫吓的暗示，只简单告诉他："因为我说要这样办。"

在我当孩子时，也不能忍受这种回答，发誓将来不对自己的孩子讲这样的话。我一直信守这个诺言，直到因此过于妥协几乎引起灾准性后果才被迫放弃。如果你实在难于出口，也可换句话说："因为我是父亲（母亲），做出这种决定是我的责任。"

事实上家庭并无绝对的民主，总要有人做出最后决定，这样的人最好是长者，否则每个家庭成员会陷入麻烦。

**误区3** 家务活只是父母的事。一次我走进车间调查。问道："我们中有多少人可以期望孩子做些没有报偿的家务劳动？"咨询的500人中，不到50个举了手。

我又问："当年你们父母可以对你们中多少有此期望？"这一下几乎都是举起的手臂。人们笑了，但这不是什么好笑的事情。在我们这一代人身上。我们已把一条培养孩子的重要原则忽视了，即孩子也应成为对家庭有贡献的成员。抚养孩子的最终目的是帮助他们走出我们的生活圈，自己走向成功。干家务会使他们具有成就感，增强他们丰富的情感。

小家伙3岁时，已有了参与家务的愿望，可让他收拾自己的小床，4~5岁可以整理他的起居室，6岁时可以操作吸尘器打扫房间，10岁时每天花45分钟时间做家务，星期六这个时间还可延续至2小时。到了18岁，孩子就懂得了怎样处理家务，洗衣，炒菜做饭，打扫澡堂，清理草坪，这些训练不仅对孩子走向成年有帮助，也可使孩子们对父母为维持家庭生计会付出的巨大努力由衷感激。

**误区4** 挫折和拒绝对孩子有害。由于相信挫折会引起孩子们紧张感而降低他们的自信，于是父母们竭力"保护"孩子免受种种挫折。和挫折斗争可使孩子们化逆境为挑战，面对困难坚韧不拔。

为了检验你是否能这样做并且说明这样做的道理，可将你未来梦想拥有的一切列在一张纸上：一辆赛车？一所新别墅？珠宝？现在圈出你今后5年中真正有可能获得的物品，大约20%左右。

在另一张纸上，列出孩子今后一年内想要得到的东西——玩具、电子游戏机、最时兴的衣服等等，再圈出他们可能得到的物品，一个中等家庭，约可圈出75%。

我们已让孩子习惯于不劳而获。他们获得这样丰富的礼品并不是通过艰苦劳动或做出某种牺牲得到的，而是吵闹，或做出孩子式小动作或父母完全无条件地赐予得到的。实际是在教育他们不经挫折，放弃努力，以天之骄子自居，傲视一切。但走向社会后迎接他的尽是鲜花和礼品吗？

所以不要使他们毫无挫折感的有求必应。那是在害他们。

**误区5** 孩子玩具越多越好。事实并非如此。孩子们常常为过多的玩具抱怨"烦死了"。应该有选择地为孩子买一些能激发他们想象力和创造力的玩具就可以了，如玩具泥、彩色铅笔等，而时下一些昂贵的电子游戏机却常常抑制了孩子的想象力。

一些父母担心邻居孩子有的新式玩具自己孩子没有，会损害他们的自尊。但自尊并不是凭玩具多寡来决定，而是靠富有创造性、成就感的玩具游戏培养的。不利于孩子创造力的玩具可坚决不买。

**误区6** 孩子没有多看电视。据我不完全统计，多数父母对自己孩子看电视时间至少低估了50%。2岁~5岁学龄前的儿童，每周要看28个小时，或者说1456小时／年。沉溺于电视会抑制孩子主动性、能动性、好奇心、想象力、理性思考和注意力。大量证据表明作为"电视一代"的孩子们已失去很多发观和发展天性的机会，比其父辈缺乏竞争力。看看我们的孩子在校测验时糟糕的成绩和低劣的文字水平就可见一斑。

我认为，至少在孩子们具备学习和阅读能力的三年级前，不要让他看电视。在此之后，可收视一些体育运动或教育方面的节目，但一周收视时间不超过五小时为宜。

如果你能走出上面的六个误区，你会有个健康幸福的孩子。试试吧？

（华 英）

# 父亲的打油诗

父亲爱写打油诗是出了名的。他的打油诗,多半是即兴吟成。我很佩服父亲敏捷的文思,但更使我受益的却是他的诗中所表现出的乐观和通达的人生态度。

父亲一生的遭遇可谓坎坷,但在他的打油诗中找不到一点埋怨和牢骚,相反却处处可见对生活的赞美和热爱。1988年家里建了一幢新房,在他的那首《搬入新居有感》中,他由衷地赞美着国家的新气象:"窗外柳树新叶青,阳台东风又报春。新居装点手才住,又见高楼拔地升。"1990年前我在苏州工作,父亲和母亲来看望我。一日游完寒山寺,他就吟起了《游寒山寺》:"寒山寺内一日游,钟声消去万般愁。不入空门伺佛主,要与妻子共白头。"令母亲高兴得犹如年轻了好几岁。让唐代诗人张继听来悲凉的寒山寺钟声,在父亲笔下已全然没有了伤感的色彩。

父亲常常教育我们要严于律己、宽以待人。他曾作过这样一首诗:"凡事办理须从容,遇急逢大更慎重。事关自身应轻置,大局整体不放松。待人接物善长在,豁达大度无耿怀。律己不忘严格制,待人宜放宽拙爱。"父亲的这种胸怀给了我们潜移默化的影响,我发表过的随感《肚量放大些》《遇到挫折昂起头》,正是在父亲这种处世态度的影响下写成的。

我们兄弟姐妹几人先后都考上了大学。对儿女的成长,父亲是很欣喜的,看到我们读书有成,他高高兴兴地作了这样一首诗:"和风细雨年年春,桃红柳绿日日新。寒舍留得书香在,莫道家风无传人。"而当我们遇到挫折时,父亲也以他特有的达观开导我们。前年秋天,我爱人因病在医院动了大手术,住院近三个月。出院后妻子很是悲观,父亲知道后,要求我和妻子回老家住几天。回到故里,父亲陪我们上井冈山游玩。当我们登上黄洋界时,父亲沉思片刻,吟成诗一首;"信步登上黄洋界,湖山尽收眼底中。万物造化随天意,钢铁硬度一般同。"听罢,妻子顿觉心胸开阔,因病引起的烦恼和忧愁都在诗的超然意境中散化了。

父亲作的这些诗,既然是打油诗,也就谈不上什么严格的用韵和考究的用词了。但难得的是他那颗历经沧桑之后依然乐观、热爱生活的心。

(谢启恩)

# 望子成"人"

人生大致有三种前景：成龙、成虫与成人。成龙者出人头地，名利兼收；成虫者社会垃圾，历史罪人；成人者即于社会、他人和家庭都有所贡献的普普通通、平平常常的人。

望子成龙，乃千百年来许多父母的殷切愿望，这种向往成材、追求上进的良好宿愿似乎无可挑剔。但笔者则认为，对孩子的期望首先应当是"望子成人"。这在一些父母看来也许是目光短浅，标准太低。但笔者却对此津津乐道，另有一番理论：其一，浩浩宇宙，芸芸众生，古今中外成龙者毕竟寥若晨星，微乎其微——天皇帝子，独树一帜；世界冠军，仅此一份；官位职务，编制紧张；英雄模范，数量有限；专家教授，比例很小……与之相反，占人口绝大多数的是平凡的人，普通的人。既然如此，何必硬要让孩子去走"独木桥"，挤"宝塔尖"呢？其二，"条条大道通罗马"，做个普通人也潇洒快哉。没有伟人的烦恼，没有权势的争斗，没有名利的追逐……只要尽力地投入工作，真挚地对待生活，正直地面对他人，尽一份职责，做一份贡献，挣一份薪水，养一家老少，不也同样充满活力，具有魅力吗？其三，孩子成人也并非易事。我们所说的"人"，虽不是社会大厦的栋梁，但也是能为之增砖添瓦的人。由此看来，"望于成人"标准并不低。其四，有利于青少年的健康成长。一些"望子成龙"的父母由于心切，往往以高压的方式给孩子定高指标，加作业量，搞超常规训练，把孩子搞得心灰意冷，精疲力竭，结果只能事与愿违，甚至闹出许多心理毛病。（这样的事例在我们身边不乏其例）如果父母的期望值是"望子成人"，则能从孩子的实际出发，循序渐进，量体裁衣，量人施教，量力而行，使孩子在德智体各个方面都得到发展。

从"望子成龙"到"望子成人"，最要紧的是做父母的要适度调整期望值，把良好的愿望与孩子的实际情况相吻合，并得到孩子的理解和接收，转化成孩子的奋斗目标和内在动力。常言说，有心栽花花不发，无心插柳柳成荫。没准父母在鼓励孩子"成人"时，还真成了"龙"呢！

（关明成）

# 培养孩子主动进取的方法

成功的儿童多数得到父母的助推起动——那正是他们所需要的激励,以下是专家们认为培养孩子主动进取的方法:

**让他们选择**

一位成年人曾这样说:"我父母从小就教我作出理智的决定,他们相信我自己的判断能力,从不强迫我依他们的方式去做事,所以,我取得了今天的成绩。"专家们都认为,让孩子自己做出决定,有助于他们建立自信。教导孩子作出明智的选择,并要相信他们的判断能力。其实有些事情父母们一般是不太赞同的,但只要孩子决定做的事是合法而又没有危险的,父母应尽量地不要去干预。如果你要孩子相信自己有能力和勇气去做某件事情,你得先表示对他有信心。

**给予鼓励,不要给物质奖励**

许多父母都想要子女拥有比自己多的物质,但只给他们各种各样的物质享受可能会带来反作用。如有一些父母,在孩子身上花费太多,可孩子在进取上就是没有雄心。孩子们读完书后,完全不知道自己想做什么，结果什么也不做，令众多的父母失望的是孩子所应有的进取热情从来没有在他们身上产生过。身为家长，你是孩子生命中最强大的力量。给予孩子鼓励，无条件地接纳他们，这样你就能令他们活得更顺利。你不必总是赞同他们的想法和做法，但你必须让孩子确信你接受他们本人。为孩子制造一些成功的机会，然后称赞他们所做的工作，表彰他们的成就，鼓励孩子表达自己的意见，也可以培养出他们的独立能力。只要孩子认为自己的意见有价值，就会比那些觉得自己怎样想也没有关系的人更有信心再向前迈进。

**找出孩子的兴趣所在**

孩子有自己特殊的兴趣，没有谁比他们的父母更能发掘他们的兴趣所在。例如有一位母亲，经济上入不敷出，可是孩子渴望参加球队。虽然孩子患有严重的哮喘，但这位母亲鼓励他坚持下去，自己还节衣缩食为孩子购置球衣。她说："如果孩子对某件事真的有兴趣，我会想办法，让他如愿以偿。孩子读高中时，哮喘病大致好了，成为球队的主力。现在事业有成，生活美满。"

**扩展视野**

孩子如果没有机会接触世界上各种奇妙的事物，父母可能很难找出他的兴趣所在。有一个孩子取得某学位后，接受了一家公司的聘请，可是不久他就满腹牢骚。他问其他亲友的意见时，亲友们为他列举了一些他可以做的职业，他眼睛也睁大了。原来他从未想过可以选择亲友们所提的那些职业。后来他在房地产估价中找到了一份具有挑战性的新工作，他以前从未想过可以做这方面的工作。专家们认为，孩子并不是样样皆能的，但只要见到某个孩子遇上了一些令他双眼发光的事情，父母就应该鼓励他们去干。

**让他们自己动手工作**

孩子长大了，便得教导他们如何工作、竞争和取得成就。孩子想要一些你本来没有打算买的东西，可以问他准备怎样支付自己那一部分费用。也许他可以通过正常途径外出打工，通过自己的劳动得到报酬，这样他就会知道如何才能赚到钱和赚钱的劳累。你可以提示他如何把自己的工作做好，但切勿替他做，也不要说你可能比他干得更好。

**减少被动的活动**

专家们建议限制孩子看电视和玩电脑游戏的时间。这类被动的活动使孩子集中注意力的时间缩短，而且不需要孩子多用脑想。专家们劝告家长，不要陷入孩子诉说"我很闷"的陷阱。如果家长一听说他"很闷"便代他解决问题，孩子便会更加依赖他们，以及更经常看电视、电影，从中寻求乐趣。孩子应学习运用自己的想象力找寻有趣的活动。

**以身作则**

专家们都相信，家长为了孩子所能做的事，没有什么比做个好榜样更为重要。孩子都是从模仿中学习的。如果他们在积极活跃的环境中长大，便会发现积极参与的好处。

不管你称这些特点为独立性也好、进取心或主动性也好,它都是我们想让自己孩子具有的特质。如果你想让自己的孩子长大成为对社会有建树的人,现在是播下成功的种子的时候了。

(浩 知)

# 父 爱

事实证明，三四岁到八九岁的儿童，已经逐步认识到"妈妈好，爸爸也好"的真正内涵。父亲做儿女们的"最高统帅"时，他所倡导的游戏方式亦明显有别于母亲。一个6岁的女孩在生日那天，父亲赠予的礼物是一柄放大镜。父亲教她用这柄放大镜认真观察花园里一些幼虫的活动，还教她用这柄放大镜去观察蕨类植物的"孢子"。父亲用十分生动的"儿童语言"告诉女儿："这种植物正在生娃娃呢，她们的娃娃被风带到阴湿的地方，就会长得绿茸茸的。"父亲一般不喜欢讲童话，与他接近的孩子将来很可能不会幻想自己当明星当演员，但他会成为卓有见地的科学工作者。通过父亲的指点，儿童在他们司空见惯的事物上可能发现新天地。

此外，跟父亲亲近的孩子一般懂得适度沉默的好处，懂得别人隐私须敬而远之，好孩子从小不该"软耳朵"和"大嘴巴"。这一点正是母亲教育的薄弱环节。一些在素质不高的姨妈堆里滚大的孩子，自小懂得享用别人在非议中忐忑不安的快意，从小成了"家长里短的传声筒"。这种坏毛病，绵延至孩子的未来，很可能对他的交友及信用产生坏影响。而跟父亲亲近的孩子，多少革除了传播熟人隐私的毛病，因为男人世界的原则是"不随便议人短长"。这一点保证了孩子们将来不滥施同情不轻信的同时，避免伤害他人以至自己也被流言击伤。

　　与父亲相处的好处有些非功利性的，当然也是只可意会不可言传的。一个7岁的小男孩每天清晨跟父亲长跑．他们住在近郊新村，早晨一面享受鲜洁的空气，一面默默地跑着。父亲冲了一段后做了一阵子"原地跑"，默默地看儿子超过自己，消失在水杉林中；而后，父亲再迈开大步追儿子……这位儿子长大后在作文里说："父亲善于在平淡无奇的长跑中，制造一种你追我赶的波澜，他在多年前体力那样充沛的条件下让我享受'赢'的兴奋……父亲在我前面领跑，风雨无阻。冬天，母亲心疼我，说天还没亮呢，孩子肚里没食跑得多苦。父亲却说，现在的孩子太绵软太温吞了，我要把他打磨得粗糙些。一夜大雪，清晨5点钟我换好了跑鞋，发现父亲已将我们的'跑道'扫出来了，父亲的眉毛上都凝了冰霜。"看到这段文字，我们很难否认父亲的"无情"在儿女成长中所起的作用。母亲太爱孩子了，这种爱动不动就失之绵软，失去理智。有些母亲承认说："我在平时，也曾想过如何教育孩子，顺理成章；可与孩子腻在一起，马上就变得盲目起来。"既然如此，何不把教育之责分出去一半呢？在一个正常的家庭里，父母的教育方式各有各的风格，仅让孩子唱"世上只有妈妈好"，是有失偏颇的。

（阿东　流言）

## 谢谢歧视之恩

上个世纪80年代初我高中毕业，因为偏科而高考落榜，回到农村拿起了锄头。我不甘心就这样日出而做，日落而息，才华耗尽，成为纯朴而无梦想的汉子。那时我每天在心中反复吟咏的是这样一句话：山连着山，步步踏完走得远；若不向前怎知山外有青天。

我的志气值得尊敬，但采取的方式却不那么光明正大。我有位姑父在城里一家企业做领导，我幻想着依附这棵树来改变自己的命运。那时找工作远不像今天这样容易，于是这年大年初二，我带了些土特产进城。一是为姑父拜年，二是想求他为我在他厂里谋份事做，苦点累点，工资少点都无所谓，只要能跳出农门就行。

姑父长期做领导，待人有分寸，对我还算客气。姑妈却已经染上了满身的小市民习气。她家高朋满座，嫌穷酸的我丢了她的脸，不但不安排我上桌吃饭，还当众叱责我这个"不争气的侄子"。有了姑妈这种态度，工作之事自然就泡了汤。

我回去以后，躲在房间里流了两天泪，那种被歧视的屈辱感海啸一般在我的内心翻腾。第三天我擦干眼泪，对父母说："我今生今世不混出个人样来，就从山崖上跳下去！"我看到父母眼里闪烁着欣喜的泪花。母亲说："只要不干坏事，去奔前程，你干什么家里都支持你。"

带着父母的信任和期望，我开始了新一轮的人生跋涉。在漫长而短暂的十几年里，我代过课、开过矿、做过生意，但都没什么建树。我悲观过颓丧过，想到过信天由命随波逐流，但每到这时姑妈就会在恍惚中来到我面前，总是那张脸，总是那句话。它像一股冰凉的水一样既使我不堪其苦，又刺激我低迷的精神变得抖擞起来。后来我抱着"壮士一去兮不复还"的执着踏上了文学的独木桥。也许是选对了行，也许是我的刻苦感动了上帝，居然真的让我拼出了点成绩。我先是被调到县剧团做了编剧，破格提了干，后来又被提拔做了一名"文化官"——文化馆馆长。

这时的我虽说不上有多么杰出，但"拔尖人才"、省先进工作者、政协委员等称号和头衔也相继落到我头上。恰好这时姑妈50岁生日大寿，虽同在一座城里，姑妈却没敢来找我，而是特意亲自到乡下请我父亲去做上宾。同时她反复叮嘱我父亲，要我这个"体面的侄子"务必在百忙之中抽出时间去给她"壮壮门面"。父亲马上进城找到我，与我商量祝寿的事。我一听就来了气，说："祝寿的钱由我包了，但我不想踏她的门槛。也让她尝尝被人冷落不受尊重的滋味，想当年……""别说了，不去也得去。"没想到父亲的脸沉了下来，严厉地打断我的话："你以为自己有出息了，有资格记姑妈的仇了是不？依我看你倒要谢她的恩。"我愣住了。父亲继续说："假如她当年让你姑父安排你进厂干活，你今天又是个什么货色？你知道吗，就是因为她当年太看不起你，你才有了今天。"

听完父亲这番训斥，我张大嘴却半天说不出一句话来。父亲已经走了，我仍慢慢品味咀嚼着父亲的话，顿觉耳目一新浑身通泰，仿佛进入了一个崭新的境界。是啊，如果当初进了姑父的厂，我充其量是做几年临时工。因为有姑父的照顾，可能会多挣一点钱，混上个比芝麻还小的官，而自己也就满足了怠惰了麻木了。

这么说真的应该感谢姑妈当年的歧视之"恩"啊！世间很多事就是这样违背常理，呵护看来好像是爱护，却往往会助长人的惰性；歧视的滋味不那么好受，则能刺激人自尊，从而产生一种巨大的力量，推动自己去奋斗。我感到惊异的是，这么简单的道理，我这个自命不凡的"才子"竟然一无所知，却被大字不识的父亲一语道破。

（凡　夫）

## 父亲的那一声断喝

父亲的一声断喝，让我幡然警醒，让我铭记至今。

初入大学时，感觉学校条件较好，每个宿舍都配有一个专门的洗手间，面积虽小，却也面池马桶，一应俱全，用起来颇为方便。刚开始时大家洗完衣服饭盒之类倒还随手关掉水龙头，可是渐渐地我们懒惰的本性就暴露出来了。正值油瓶倒了都懒得扶起的年纪，各自心怀壮志，欲扫天下，哪里会在意关关水龙头这样微不足道的小事。于是我们宿舍里的水龙头就常常会细水长流甚至粗水长流，与水管上方学校特意悬挂的"节约用水"的标牌相映成趣却又相映无趣。到后来我们甚至发展到没有流水声反而难以入眠的地步，一时成为男生宿舍的一大奇观笑谈。

假期回家时，经过半年自以为高级生活熏陶的我，早已历练得谈笑风生，挥洒自如，隐隐间自觉多了一份"激扬文字，挥斥方遒"式的气质。刚到家的那天晚上，我与父亲坐在小屋里聊天，说是聊天，其实是我个人的演讲，因为滔滔不绝甚至唾星四溅的是我，而洗耳恭听甚至有些怯懦的却是父亲。也许我讲的新奇的世界对父亲来说很遥远，因这遥远而生仰慕，因这仰慕而生恭敬与怯懦吧，总之，父亲就那样泥塑一样坐着听我讲这半年来的生活，目光专注而虔诚……

　　讲到后来我突然想起可以把我们宿舍细水长流的事告诉父亲，博他一笑的同时也可显示我辈大学生潇洒大度、不拘小节的气概，何乐而不讲？于是我就绘声绘色地讲了起来……慢慢地我觉得气氛有点不对，父亲的脸上不仅没有我预料中的笑意，反而还增添了一丝吓人的寒意。那种寒意我是见过的，儿时若是做了严重的错事，在挨打之前，我常会看到这寒冷的目光。在父亲寒冷的目光下，我勉强把自以为潇洒的经历讲完，然后坐在那里等父亲的反应。父亲脸上的寒意这时已然化为愤怒，是那种浓得化解不开的愤怒，我也如一个做了错事的孩子一样收回了自以为是的目光。突然，父亲奋力站起来，走到我跟前，一声断喝："他们不关，你为什么也不关！"

　　刹那间父亲的断喝如佛经中的一则偈语一般让我顿然醒悟。那一刻我才知晓我自以为是的潇洒作派是多么的浅薄虚妄，多么的不堪一击；那一刻曾经读过的"一屋不扫，何以扫天下"之类的句子才真正地在我的心中活灵活现。

　　再开学时，我只要见到宿舍的水龙头开着就会去关上它。起初舍友们都很不理解，不知我何以"堕落"至此。直到有一天熄灯后的夜谈会上，我把假期时父亲的那声断喝讲给舍友们听，他们才真正理解了我改变的原因。从那以后，我们宿舍的每个人都会随手关上水龙头；从那以后，我们宿舍再也没有过长流水。

　　许多年过去了，当年那个"潇洒"的大学生已经成长为今天这个沉稳的我。每当我被这喧嚣芜杂的社会所迷惑，将要做出丧失为人原则之事时，父亲的那声断喝都会如期而至。那声断喝打碎我的一切非分之心，催我警醒，促我深思。

（赵力伟）

# 一句话 二十年

父亲离家出走时他才6岁,还不懂人间的艰辛和苦难。父亲说出走的原因,是无法再忍受同村人的歧视和蔑视——父亲的父亲是反革命,被镇压后他们才下放到这个贫困的山村,村中人除了对他们不理不睬外还无事生非地辱骂、攻击他们一家人。

父亲走后,母亲带着他和弟弟、奶奶以及太奶奶艰难度日。母亲经常教育他不要记恨父亲,说其实每个人都是善良的,他听不懂,母亲也不解释,只是强调:"我们不能埋怨你爸爸的逃避,他的选择有他自己的理由。"

奶奶劝母亲改嫁,奶奶只有一个条件,她想要母亲两个儿子之中的一个,好让自己有所依靠。母亲开始不同意改嫁,太奶奶也来劝她,并说她与奶奶相依为命这么多年,懂得作为一个女人的艰辛与不幸。奶奶又说:"我的儿子逃避责任,没有必要让你来承担。你走是理所当然,不走是对我们的怜悯。"

母亲无奈,就将两个孩子叫到身边:"你们谁愿意跟着奶奶,谁愿意跟着妈妈?"弟弟抢着说:"我要跟着妈妈,因为晚上和妈妈在一起才能睡着。"该他了，母亲死死地盯着他，神情紧张得好像面对生离死别。他看了看所有的人说："我想和你们在一起。"此话一出，母亲泪流满面，奶奶老泪纵横，太奶奶喜极而泣。他不知道母亲已经和奶奶太奶奶说好，只要两个孩子一个说跟母亲一个说跟奶奶，母亲就会带着想跟自己的孩子改嫁。他的一句话，让一家人的分别变成不可能。

20年后，他长大了，理解了母亲的难处。他对当年的话追悔莫及——只是因为他的一句话，让母亲多受了20年的苦，这一切全是因为他的不懂事造成的。他跪倒在母亲面前，祈求母亲的谅解。

母亲的笑容充满了岁月的沧桑："傻孩子，你一句话让我们一家人彼此相爱了20年。你想我们都在一起，我们就都在一起了。是你发自内心的爱才让我们大家对生活充满了感激，大家也才享受了这20年的快乐岁月。"

假如一种幸福需要建立在一种痛苦和分离的基础上，所有内心充满爱的人都不会选择。他终于明白了母亲对父亲的宽容，父亲的离去是因为父亲对自己的爱没有信心，认为他的存在不足以为亲人带来幸福。而母亲的留下是母亲认识到了她的爱是所有人快乐的理由，所以母亲把她的爱留下，让每一个人都体会到爱的漫长、爱的神圣、爱的牺牲、爱的完满。

（崔　浩）

## 怎样培养孩子的自信

浙江温州一位初中老师前不久按照学校《成功教育和人的发展》的实验计划，举办了一次"让青春闪光——摆好评优"的主题班会，让孩子写一篇周记，说说自己身上的"闪光之处"。然而孩子们交上来的周记里，竟是"不足"多于"优点"，并且约有三分之一的孩子找不到优点。

孩子们找不出自己的优点，也许正是因为其个性长期遭到禁锢的缘故，假如学校培养出的是那些找不到自己优点，缺乏信心的"小老头"、"失败者"，那么，还能认为这种教育是健康、全面的吗？君不见不少年轻人每每承担某项工作，总怀疑自己的能力，这也不行，那也不行，甚至有时连当众讲话的勇气和胆量都没有。如果老师、家长注意引导孩子为自己的成绩而适度自炫，从而不断促进增强战胜自我、完善自我的信心，或许很多很多的孩子会成为一个个杰出的成功者，而那种谨小慎微，处处赔着小心，迷信权威，盲从世俗，该出手时手却抖，生怕别人说"傲"骂"狂"，唯上、唯书心态的人就会少得多,"敢冒、敢试、敢闯"富有创新精神和创新能力的弄潮儿就会不断涌现。

曾听说过这样的故事。

小泽征尔是世界著名的音乐指挥家。一次,他去欧洲参加指挥家大赛,决赛时,他被安排在最后。评委交给他一张乐谱,小泽征尔稍作准备便全神贯注地指挥起来。突然,他发现乐曲中出现了一点不和谐,开始他以为是演奏错了,就指挥乐队停下来重奏,但仍觉得不自然,他感到乐谱确实有问题,可是,在场的作曲家和评委会权威人士都声明乐谱不会有问题,是他的错觉。面对几百名国际音乐界权威,他不免对自己的判断产生了动摇。但是,他考虑再三,坚信自己的判断是正确的。于是,他大声说:"不!一定是乐谱错了!"他的声音刚落,评判席上那些评委们立即站立起来,向他报以热烈的掌声,祝贺他大赛夺魁。

原来这是评委们精心设计的一个圈套,以试探指挥家们在发现错误而权威人士不承认的情况下,是否能够坚持自己的判断,因为,只有具备这种素质的人,才真正称得上是世界一流的音乐指挥家。在三名选手中,只有小泽征尔相信自己而不附和权威们的意见,从而获得了这次世界音乐指挥家大赛的桂冠。

在许多时候,成功与我们失之交臂,并不是因为成功不肯垂青我们,而是我们易被环境左右,惯于附和,缺乏主见,最终放弃了自己的正确判断的缘故。上面的故事告诉我们：自信使人进步，自信是获取成功所不可缺少的素质，而掌握相当的知识与经验，则是树立自信心的必要前提。

自信是成功的基石，孩子有自信心，才能充满信心去努力实现自己的愿望和理想。那么怎样培养孩子的自信心呢？

**相信孩子并有意识地让孩子承担一些责任**

孩子虽小却具有巨大的学习与发展潜力，这是现代科学所证明了的。家长还要相信每个孩子都有一颗向上的心。有些家长常因孩子年龄小而替他们做许多事情，这样孩子就会缺乏责任感，凡事依靠家长，久而久之便难以建立起自信。为此，家长应视孩子的年龄大小、能力强弱，有意识地让孩子承担一些责任。如让孩子自己吃饭、穿衣、系鞋带；收拾玩具和书包、整理自己的床铺；让孩子对家里的事情，如节假日的活动计划、经济开支计划、装潢布置等提出建议，如果合理，就尽可能采纳。让孩子做各种各样力所能及的事情并要求他完成好，不仅能锻炼孩子的动手能力，还可使孩子从中获得自信，确信"我能做好"、"我有能力"。

**善于发现孩子的独特之处，放手培养，帮助孩子学会竞争**

每个孩子都有自己独特的地方，孩子在自己喜欢的领域里活动时是非常投入、非常自信的。家长应了解自己孩子的特点，帮助孩子在某些领域的竞争中获得成功，使孩子建立起自信心，从而促进其他方面的学习。孩子一般长到两岁以后，动作、言语都有了一定程度的发展，自我意识萌芽，会有自己的一些独特想法。家长应利用孩子的这种自我认识和愿望，善于引导，给予援助，满足他们正当的独特需求。

另外，孩子是在活动中获得发展的，家长要为孩子提供活动和表现能力的机会与条件，放手让孩子进行各种活动，让他们感到自己是有能力的，可以从自己的身上而不仅仅是从别人的赞赏中获得自信。在活动与竞争中，要引导帮助孩子建立良好的同伴关系，促进其自我肯定，树立自信心。因为能否受到同伴和集体的尊重，是影响孩子自我肯定的一个关键因素。

**鼓励教育孩子向困难挑战。让孩子享受战胜困难后的喜悦**

成人积极的教养态度对孩子影响很大。孩子总是希望受到大人的夸赞，做家长的应利用这种心理特点，无论孩子做什么事，要善于对他们的点滴进步和成功给予赞赏和鼓励，同时，还要充分利用各种途径，使孩子多获得成功，使他们积累积极的情感体验。特别要对自信心较弱的孩子给予更多的爱和帮助，可先让他们作些简单的、力所能及的事情，使他们在获得成功的体验中认识自己的长处，相信自己的力量，树立自信心。

鼓励也包括接纳孩子的失败与不足。孩子有时会有些奇怪的想法，想尝试不太容易完成的事，家长千万不要嘲笑或禁止孩子，否则以后他可能不肯动脑筋思考，也会缺乏向新奇事物挑战的勇气。当孩子想做某种新尝试时，家长即使知道他暂时还不可能成功，也要让他去闯闯，然后再同孩子一起分析不成功的原因，鼓励孩子自己跨越这些障碍，而当孩子一旦取得成功，就会感到特别自豪。这样，孩子会逐渐形成向困难挑战的自信和勇气，提高自我评价的能力。

**正确评价孩子，标准适当，同时帮助孩子正确评价自己**

当孩子慢慢懂事后，就开始认识自己，也很注意别人、特别是家长和老师对自己的评价。如果孩子从家长那里常常得到赞许、表扬和肯定，那么孩子就会认为自己是一个有能力的人，其行为则表现为积极、果敢，而且情绪稳定，有很强的自信心。相反，如果家长对孩子的评价是否定的，孩子的行为经常受到家长的批评、训斥，他们便会感到自己是一个无能的人，行为变得无所适从，畏缩胆小，怀疑自己，否定自己，依赖性强，缺乏自信。因此，教师和家长要高度重视自己对孩子的评价，要多以积极肯定的态度对待孩子。因为教师和家长是孩子心目中的重要人物，他们的一些积极或消极的评价对孩子的志向、情感行为会起牢固持久的作用。

另外，家长对孩子发展所确立的标准要适当，应考虑自己孩子本身的特点和能力，不能主观地总以过高标准要求孩子。有些做家长的教育孩子时总想一步到位，急于求成，忽视了孩子的发展是一个渐进的、曲折的过程。标准过高，孩子达不到，屡遭失败，产生持续失败的挫折感，积累"我不行"的消极情感体验，容易使孩子丧失自信心。还有些望子成龙心切的家长常常盼望自己的孩子处处强过别人，惯于横向攀比。但这种横向攀比，尤其是以自己孩子的弱点与别人孩子的长处相比，比掉的恰恰是孩子的自尊心和自信心。要求自己的孩子处处强于别人是非常不实际的。要对孩子作出公正客观的评价，让孩子切实了解自己的能力。看到孩子有某些不足时，要不断地鼓励他去弥补，还要耐心地帮助孩子分析达不到要求的原因和自身存在的有利条件，并在具体实践中树立孩子的自信心，培养孩子的毅力。

（章剑和）

# 教育孩子的十大误区

## 1. 不适当的表扬和指责

表扬太多对孩子并非有利，心理学家詹姆士·温德尔说："一个依赖于夸奖的孩子只追求让父母满意而不是让自己满意，久而久之，哪怕是做一些日常的家务活，孩子都期望得到家长们毫不吝惜的称赞，或者，如果没有表扬作动力，孩子就无法完成一项工作。"

对孩子过分的挑剔、指责也是十分有害的。如果你总是喋喋不休地专拣孩子的缺点去指责，那么"失败"可能真的要与他相伴了。心理学家指出，一般而言，赞美应超过批评三至二倍，如果你的表扬太多，你的称赞也许不够真诚或夸大其词；如果太少，你未免过于挑剔了。

对孩子的表扬必须视情况而定，你要考虑孩子的年龄等因素，譬如：6岁的孩子学着擦玻璃窗，尽管留下许多污迹也应表扬；但对于一个10岁的孩子若是敷衍了事，擦过的玻璃仍污迹斑斑的话就不应表扬了，因为他有能力做得更好。

## 2. 把孩子当小大人对待

假如你的两个上小学的儿子要取下音像店货架上的《终结者2》的录像带，"太暴力了！"你表示反对。

"所有的同学都看过了，"他们争辩道，"我们来投票决定，行吗？"

孩子缺乏你所具备的判断力及阅历。"在少儿时期，你越民主，孩子们越容易被宠坏，他们的要求也会越多。"温德尔如是说。

对于蹒跚学步的幼儿来说，你没有必要向他们解释制定每条规矩的原因，"因为我说要这样！"这就是充分的解释。当孩子稍大些后，就会对你定的规矩有所疑问了，这时，你再告诉他们理由，给他们解释。

有些事你可给孩子一些选择的余地，比如：是先穿睡衣还是先刷牙。但有些要他们做的事却只能以命令的方式而不能用提问的方式。试想你如果问"我们现在去看医生，好吗？"则暗示小孩子可选择去也可选择不去。

## 3. 滥发脾气

小孩子免不了会淘气犯错，这时你可能会高声训斥，似乎在看谁的嗓门更大。孩子因害怕暂时会服帖，但你却已失去控制。

最好的办法是控制自己的情绪，到浴室去静一静，让你的配偶去处理，或者，请一个朋友过来帮忙。你一旦平静了，俯身看着孩子的眼睛，严肃地同他讲道理（你也不能用一种聊天的腔调讲话）。把你的大声喊叫留到紧急情况时，比如警告一个蹒跚学步的小孩儿离开热炉子。

## 4．方法僵硬

孩子长到7岁，再让他在墙角罚站已起不到什么作用了。他会对此不屑一顾，但是你又不敢变换策略，因为专家们说过对孩子的教育要坚持不懈、始终如一。

坚持不应与严格相混淆。"在一段时期内很有效的做法在日后也许会失败。"心理学家温德尔说。这时，你便应该改变一下教导孩子的技巧，试试以下方法：

让他静坐思过。把调皮捣蛋的孩子送到一个安排好的房间或让他坐在指定的椅子上，让他静坐思过，静坐的时间按孩子的年龄来定——2岁的孩子2分钟，4岁的孩子4分钟……

取消一些特权。根据孩子的年龄和个性，可以限制他看电视、打电话的时间，以示惩罚。

对那些恼人的行为视而不见。如果你不去注意孩子的哭诉、愠怒或争吵，也许他们会自行终止。

## 5. 一视同仁

不同的孩子个性会不同，因此没有一个完美的理想模式教育孩子。你对性情平和的儿子所做的那些，也许只会激怒你那脾气暴躁的女儿。

对不同年龄的孩子应有不同的要求。学步的幼儿需要规则来约束他们的一切危险活动以确保安全。对学龄前儿童，就要让他们学会尊重他人的财产以及友善地对待别人。你可问问他们："有人把你的画夹弄得一塌糊涂，你是什么感受？你把姐姐的化妆盒搞得乱七八糟，她会有什么反应？"因为学龄前儿童已经学会比较了。

## 6. 忽视惩罚

如果孩子看不到他的错误行为所造成的恶果，他就很可能吸取不到教训。"处罚并没有什么错，只要公平合理即可。"温德尔认为。

惩罚要同他犯的错误相关联。女儿错过了公交车让你开车送她去学校，你就让她晚上干些额外的家务以补偿你所花掉的时间。

惩罚要同犯错误的程度相当。儿子在星期五晚上超过了规定的时间回家，星期六晚上让他待在家里叠衣服作为对他的惩罚是公平的；但如果让他"至少6个星期不得同朋友们来往"则太过分了。

虽然体罚能暂时性地制止孩子的错误行为，但长期的体罚只能产生事与愿违的后果。一个常挨打的孩子并不一定就能学会自我控制，而只是学会害怕。

## 7. 过分姑息

你过分的姑息往往对孩子没有益处，你必须保持对一些规则的应有权威。

当父母言语果断时孩子会很听话。孩子犯错误时，你首先应制止他，其后才是寻找原因。比如：你的在上幼儿园的孩子打你，你就要抓住他的手腕告诉他："你不可以打妈妈，马上住手。"然后再问他："为什么这么不高兴？"

## 8. 滥用奖赏

"别把洗澡水泼在地板上，听话的话晚饭后我会给你一盒冰淇淋。"你这是在向做错事的孩子许诺。也许你没意识到，倘若你没有履行诺言，孩子就没有理由改正错误了。"为阻止错误行为而以奖励作为条件简直就是一种贿赂，"温德尔说，"它暗示规则本身已失去了它的内在价值。"

奖赏只能用作对正确行为的鼓励。当你发现孩子们一起将活动室清理得井井有条时，奖冰淇淋就是一种赞赏而不是贿赂了。

还要让孩子明白内在的精神奖励，以及由此而来的满足感。对孩子说："你干得真不错，房子收拾得这么整洁，让朋友们看看你一定会很自豪的。"

## 9. 父母意见不和

当家长们毫不隐讳地在孩子面前为家庭问题争吵时，孩子们会感到迷惑，没有安全感。既然父母的意见都不一致，孩子会钻你们两人的空子。

在教育孩子的问题上，夫妻一定要团结统一，分歧要在私下里解决，要让孩子确信你们在家务活、日常杂务、作息时间以及禁止打架、偷窃、撒谎等规章制度上的意见是一致的，即使一方强烈反对另一方的某些观点，孩子在场时也应作出暂时让步。要给双方以管理不同事务的权力，如父亲负责处理杂务，母亲监督执行作息时间，避免一方负责所有的规则，否则，当这位"负责人"不在家的时候，孩子会对规则置之不理。

## 10. 否定一切

你的上6年级的孩子抱怨说一个同学狠狠地打了他。你不要给他这样的回答："一定是你做了让人家发疯的事。"

"如果你总是不由自主地想到一定是孩子的错，"温德尔说，"你的所作所为只能传递给孩子这样的信息：他是个本质很坏的孩子。"

看待问题，应该对事不对人。尽力避免说"总是"（"你总是把你的破烂玩意儿弄得到处都是"）和"从不"（"你从不听我的话"），你应该做的只是对该事予以纠正，比如："你忘了挂上外套。"让他知道你相信他能按你所期望的做好，即使他这次没做对。

当孩子知道你是同他站在一起的，他就会心情舒畅，也会把事情做得更好。

（易　弘）

## 不妨"背起一只手"

据报载，每天早读前的一个小时内，在海口不少小学的校门前，都会出现一支"喂饭大军"。他们是学生的爸爸、妈妈、爷爷、奶奶、外公、外婆、保姆……他们端着带来的餐盒或买来的快餐，给这些上小学的孩子喂饭。这些孩子的父母中有所谓的"大款"，但更多的则属于普普通通的工薪阶层。这些孩子每天穿衣、穿鞋、戴红领巾都要家长代劳。难道这些孩子真的要成为"新贵族"，成为抱大的一代、喂大的一代？这不能不令人担忧！

前一阶段，报纸曾连续报道广州、深圳地区出现了一些大款、富裕家庭的子女无所事事，坐享其成，吃喝玩乐，游手好闲。家庭经济条件好固然是客观原因，但其深层次的原因定然与家长对子女的思想素质教育和生存能力教育不无干系。孩子不仅仅是个人的，也是国家的；不仅仅是家庭的，也是社会的。因此，家长对子女的教育也不再仅仅是个人、家庭的私事，而是关系国家、社会的大事。孩子的教育，当从小抓起，根正才能苗壮。从小就要着力培养孩子的自强自立、吃苦耐劳、百折不回的意志和品格，正如清代政治家、哲学家汤斌所云："少年儿宜使苦，苦则志定，将来不失足也。"我们对孩子确实是关心备至、溺爱有加了，这些"小太阳""小皇帝"饭来张口，衣来伸手，上学接送，陪读陪练，处处百依百顺、无微不至。最终，孩子成了书呆子，成了四体不勤五谷不分、肩不能担担手不能提篮、经不得风雨见不了世面的纨绔子弟；据悉，有的孩子考上大学又不得不退学"打道回府"，缘由是生活不能自理，岂不悲乎？

　　我国著名教育家陈鹤琴说过："做父母的最好只有一只手。"为了使你的孩子学会自己照料自己，早日独立成人，就请少给些溺爱，多给些磨练；少一些包办，多一些拒绝。若我们真爱自己的孩子，就不妨"背起一只手"。

（崔鹤同）

# 保护孩子的"闪光点"

孩子犯了错误,给予必要的处罚,使其吸取教训,引为鉴戒,自然是不可避免的。但是如何处罚效果更好,这里面是大有学问的。

在英国的亚皮丹博物馆中,有两幅藏画格外引人注目。其中一幅是人体骨骼图,另一幅是人体血液循环图。说起这两幅藏画,里面有着一个引人入胜的故事。原来,这两幅画是当年一个名叫麦克劳德的小学生的作品。麦克劳德从小充满好奇心,凡事总好寻根究底,不找到答案不肯罢休。有一天他突发奇想,想看看狗的内脏到底是什么样的,于是便和几个小伙伴偷偷地套住一只狗,将其宰杀后,把内脏一个一个割离,仔细观察。没想到这只狗不是别人家的,而是校长家的,且是校长十分宠爱的狗。对这事,校长甚为恼火,感到太不像话,如不严加惩罚以后还不知会干些什么出格的事。但是,到底如何进行处罚,校长费了一番脑筋。杀狗肯定是错误,应该受到处罚,然而校长知道,这个举动是在好奇心的驱使下进行的,其中包含着十分可贵的积极因素。如果因为处罚把孩子善于探索的好奇心也打下去了,那无疑是一种巨大的损失。经过反复考虑,权衡利弊得失，校长采取了一个十分巧妙的处罚方法：罚麦克劳德画一幅人体骨骼图和一幅血液循环图。麦克劳德很聪明，他知道自己错了，应该接受处罚，并决心改正错误。于是他认认真真、仔仔细细地画两幅图，校长和教师看后很满意，认为图画得好，对错误的认识态度很诚恳，杀狗之事便这样了结了。这样的处理方法，既使麦克劳德认识到自己的错误，又保护了他的好奇心，还给了他一次学习生理知识的机会，使他对狗的解剖派上了用场。后来，麦克劳德成了一位著名的解剖学家，与医学家班廷一起，研究发现了以前人们认为不可医治的糖尿病的胰岛素治疗方法，两人于1923年荣获诺贝尔生理学或医学奖。

老校长对小麦克劳德杀狗事件的处理独具匠心，对我们颇有启发。应该说，麦克劳德后来在医学上所取得的巨大成就，与这位校长的苦心是分不开的。如果当初这位校长对麦克劳德简单粗暴地严厉训斥，通知家长要他赔狗，那就有可能把麦克劳德身上闪光的探索欲、好奇心一同砍伐殆尽，很有可能后来他不会成为有名的解剖学家和医学家。相比之下，我们许多家长和老师，对孩子和学生错误的处理，往往简单生硬，不善于保护孩子的积极性，甚至做了扼杀他们好奇心的蠢事。日前有一位老朋友谈到，他那五六岁的孙子非常淘气，新买的玩具，不管是小汽车还是小手枪，玩不了几天就被拆得七零八散，他对孙子的"破坏"行为加以斥责，谁知孙子非常委屈，不肯承认错误，小嘴巴撅了好长时间不答理他。这位老朋友不无困惑地叹息道:"小孙子是怎么啦?"写到这里,使人想到一个故事:有位父亲刚从商店买回一块金表,结果不到5分钟就被他那5岁的儿子拆散了。父亲为此怒气冲天,狠狠地将儿子揍了一顿。事后这位父亲将前因后果告诉了教育家陶行知,谁知陶先生不无诙谐地说:"中国的一个爱迪生被你打没了。"

被誉为"发明大王"的爱迪生,一生有两千多种发明。儿时就有一颗好奇心,探索欲望非常强烈,也非常淘气。有一次看到母鸡能孵出小鸡来,便蹲在鸡窝里看自己能不能孵出小鸡来。年龄稍大些,看见鸟儿在天空飞翔,又想:鸟能飞,人为什么不能飞?他让小伙伴吃一种能产生气体的药粉,以便能像气球一样飞上天。结果小伙伴险些丧了命。有一位老作家曾经说过:"淘气的男孩是好的,调皮的女孩是巧的。"淘气是孩子的天性,是好奇心驱使下的行为,是儿童认识世界、探索世界的起点和动力,对他们创造性思维的萌芽,应加以保护和引导。即使出点儿小毛病,捅点儿小乱子,制造点小麻烦,也不必看得那样严重,在批评和处罚时不可过于严厉,应适当地表现出宽厚、宽容、宽松和谅解,要循循善诱充分说理,小心翼翼地保护孩子心灵上的"闪光点",给他们以广阔的自由天地,这对他们的健康成长是大有好处的。

(赵化南)

## 上帝给我一个任务

每天黄昏,只要天气晴好,我会牵着星星去公园散步。他冷不防挣脱我的手,冲到不远处的小女孩面前,把人家的皮球抢了下来。小女孩急得在地上"哇哇"大哭,哭声惊动了她的母亲,马上传来刺耳的喊声:"谁家的野孩子,这么没教养?"我慌忙跑过去道歉:"大姐,对不起,这孩子有自闭症。""自闭症有什么了不起呀?"她冷冷地扔下一句话,不容我解释,赶紧拉着女儿走了,仿佛躲避瘟疫。

星星已经五岁了,像这样的尴尬,我不知遭遇过多少次,只能任由委屈的泪水扑簌而下。我抓住他的小手:"星星,你说,妈妈别哭。"他沉默不语,目光在远处飘忽,不愿与我对视。我更加着急,用力摇晃他稚嫩的肩膀:"你说呀,快说,妈妈别哭。"可是任凭我怎么哀求、威胁,星星依然无动于衷,清澈的眼神中波澜不惊,仿佛眼前的一切与他毫不相关。我明知道他不会开口,却总在幻想奇迹出现。

星星不愿与人交流,哪怕是在最亲近的妈妈面前,也从不愿意开口说话。他的听力很好，却对外界的声音充耳不闻，即使大声喊他的名字，也毫无反应。他专注地沉浸在自己的精神世界里，看上去总是那么安静，有时又我行我素，想到什么就做什么，他对外界环境几乎没有感应。

三年前，医生告诉我，星星患的是自闭症。儿子曾经带给我无限希望，但在这一刻，全都破灭了。患者无法与外界沟通，即便长大后也很难独立生活。星星才那么小，却注定要孤独一生，想到这些，我不寒而栗。

老天对星星如此不公，我不甘心，我发疯似的寻找各种资料，终于看见一线曙光。美国人葛兰汀曾是自闭症患者，她在39岁时突然"醒来"，完全康复，后来成为畜牧学博士。葛兰汀在自传中，回忆起自己的童年感受："我和妈妈的世界隔着一扇玻璃窗，我能看到、能听到，妈妈在窗外不停地敲打，我也很努力地想帮她，但是无能为力。"是母亲用全部的爱，帮她打碎了这扇玻璃窗。

葛兰汀的成功让我大受鼓舞。我似乎看见，星星正在努力往外冲，可是他的力量那么弱小，孤立无援，他累得满头大汗，气喘吁吁，却没有人帮他。我决定用自己的后半生去帮助星星，哪怕只有万分之一的希望，决不放弃。我辞掉了工作，每天带着星星去接受康复训练。一个简单的动作、一句最简单的话，普通的孩子马上就能学会，而星星需要反复练习无数遍，花上几个月甚至几年时间，才有可能学会。

星星就像一只小小的蜗牛,每一点细微的进步,都让我无比欣慰。他渐渐学会了堆积木、拍皮球,但是对于周围的事物,依然没有任何感觉,即使别人喊他的名字,他也毫无反应。我想到一个笨办法,每天回家后,我就教他说一句话:"你叫什么名字?我叫星星。"星星像个复读机,天天跟着我机械地重复练习。

五个月后,我对他突然袭击:"你叫什么名字?"他条件反射似的脱口而出:"我叫星星。"仿佛听到天籁,我欣喜若狂,一把将他搂进怀里,疯狂地亲吻他的脸颊,激动的泪水再也止不住。星星终于知道,有人在喊他的名字,哪怕他一年只学会一句话,几十年后,他就能学会几十句话,起码能与别人简单交流了。然而,这样的兴奋并未持继多久,我又陷入焦虑之中。那天晚上,我拖着疲惫的身躯推开家门,心里忽然空荡荡的,不由得伤心落泪。星星用奇怪的眼神看了看我,然后远远地躲开,专注地玩积木去了。别的孩子看见妈妈哭泣,起码会安慰一句,但是星星不会。我越想越伤心,急得把他拉过来:"星星,你说,妈妈别哭。"他露出惊恐的眼神,茫然不知所措,我无力地松开了手。

我决定故技重施,每天逼他跟我说"妈妈别哭",我心急如焚,声色俱厉。但是,一年之后,我终于绝望了。星星每次看见我流泪,依旧视若无睹,无动于衷。这个小小的愿望,竟成了遥不可及的奢望,也许所有的努力都是徒劳,我根本无法走进他的世界。他仿佛天边闪烁的星星,看得见,却永远摸不着。我灰心丧气,努力劝说自己面对现实，接受失败。

偶然看到一段话："上帝给我一个任务，叫我牵一只蜗牛去散步。我不能走得太快，蜗牛已经尽力爬，为何每次总是那么一点点？我催它，我唬它，我责备它。蜗牛用抱歉的眼光看着我……"我泪流满面，突然发现，自己竟那么自私！原来，上帝交给我一个美丽的任务。

从此，每天黄昏，只要天气晴好，我会牵着星星去公园散步。那对母女走远了。我擦干眼泪，蹲下来向星星柔声道歉："是妈妈不好，你能原谅妈妈吗？"星星不说话，清澈的双眸深不见底。我牵着他的手，准备起身回家，星星没有挪动脚步。我回头看他，他也在看着我，忽然开口："妈妈别哭！"

（紫　烟）

# 郭敬明17岁的涂鸦

2010年6月6日，这天是郭敬明27岁的生日。这一天，他突然对爸爸、妈妈说，在我心里，一直有一个感谢没有说出来，十年了，这份感谢一直在我心里萦绕，时间愈久，这份感谢越强烈，今天我一定要说出来。那就是，我之所以能有今天的成功，与我17岁那年的一次涂鸦，是分不开的。当时你们看到了那个涂鸦不仅没有丝毫的责备，反而轻轻地拥抱了我一下，然后轻轻地拍打了一下我的后背，柔柔地说道，孩子，只要自己认准的方向，就勇敢地走下去，那是一片永远属于你自己的天空。

听儿子说了这句话，父母对视了一下，笑道，是吗？我们怎么不记得当时的情景了？

那是2000年一个温暖的午后，17岁的郭敬明正上高二。那天下午，正在上英语课。他感到浑身打不起精神，有一种昏昏欲睡的感觉。他百无聊赖地在英语练习本上，顺手写下了"樱空释"三个字。写完后，随手写了一个故事梗概。下课了，他的涂鸦也写完了。

这个写在英语练习本上的涂鸦，后来被郭敬明丢弃在家里的废纸篓里。父亲在倒垃圾时，无意中看到了这个写在英语练习本上的涂鸦。父亲吃力地看完后，感到这个小说写得很有创意、很新颖、很精彩。于是，喜不自禁的父亲将这篇从废纸篓里捡回来的儿子的涂鸦拿给妻子看。妻子看着看着，一丝笑意浮现在脸上。她也感到小说写得很好。

吃过晚饭，夫妻俩对儿子不经意地谈起他涂鸦在英语练习本上的小说，他们说，那篇他丢弃在废纸篓的小说他们拜读后，感觉写的很有特色，并鼓励儿子将那篇小说整理打印后，投给杂志，也许还能发表呢！

听了父母说起这件事，郭敬明的心仿佛被什么东西重重地击打了一下，顿时，他感到身上燃起了一股像火一样的激情和澎湃，冥冥之中，他仿佛看到了一个美丽的天使正向他翩翩飞来。

他将这篇小说整理后投给一家报社。很快，这篇名叫《樱空释》的小说就在报上发表了，并收到十块钱的稿费。这篇小说，给了郭敬明一种成功后的巨大喜悦和动力，随后，他又创作了小说《幻城》。因即将参加高考，他将这篇小说储藏在电脑里。

高考结束了，他想起了自己创作的《幻城》，于是，拿了出来，将这篇小说重新进行了修改。他看到自己刚买的《萌芽》杂志正举办新概念作文大赛，于是，他将这篇小说投到《萌芽》杂志的电子信箱里。过了一段时间，他收到该杂志社获奖通知书，他的这篇小说获得了新概念作文大赛一等奖。

《幻城》的成功，给了郭敬明巨大的信心和动力，从此，郭敬明进入到小说创作的黄金时期。2003年，郭敬明入选福布斯中国财富名人榜，成为年纪最小者。从一个普通的中学生到入选中国财富名人榜，郭敬明只用了三年时间。

17岁那年，郭敬明在课堂上的涂鸦，竟造就了当今中国文坛上的一个奇迹。郭敬明心中一直埋藏着一份感谢，他要感谢父母的鼓励、宽容和引导。

（李良旭）

## 一样不一样

在幼儿园门口,如果你稍稍细心一下,就会发现两个男孩,还有他们的妈妈。其中一个男孩,自己背着书包,雄赳赳、气昂昂,走进幼儿园。妈妈只在后面远远地看着,并不紧随。如果你走上前去问:"怎么不亲自拿着书包,把孩子送进园内?"妈妈会说:"自己的东西自己拿,自己的路自己走。"另一个,是妈妈一手拿着书包,一手牵着孩子的手,亲自送进园去,交给老师。妈妈对孩子千叮咛万嘱咐,孩子恋恋不舍,眼泪啪啪地掉。如果你走上前去问:"怎么不让孩子自己背书包,自己进园?"妈妈则会说:"孩子还小,总要大人帮一把。"

在中学门口,如果你稍稍细心一下,就会发现两个少年,或许还有他们的妈妈。其中一个少年,自己背着背包,骑着单车,来到学校学习,见到同学打招呼,见到老师问声好。如果你走上前去问:"怎么妈妈不开车来送你?"少年会说:"我终究会长大,不能什么都依赖妈妈。况且妈妈有自己的工作、学习和生活。"另一个少年,从轿车上下来,潇洒地转身。妈妈从座椅上拿起书包,递给儿子,嘴里说着："好儿子，别累着。说，晚上想吃什么，妈给你买。"顺手又递过一把钞票。如果你走上前去问："怎么不让孩子自己来上学，自己拿书包？"妈妈会说："自家有车，坐车多舒服，又有派！这几个钱算不了什么。"

在大学的门口，如果你稍稍细心一下，就会发现有两个报到的青年。其中一个青年，自己拿着行李，大包小包肩上挑，打扮不入时，还有些土气，但干净整洁，眉宇中露出对生活的自信和内心的坚强。如果你走上前去问："怎么没有亲友团来送行？千里迢迢，遇上困难怎么办？"青年会说："什么事总有第一次。鹰击长空，人生当自强。靠人靠天靠祖宗，不算是好汉！"另一个青年，有超豪华的亲友团陪同，仿佛总统出行。家长大包小包，汗如雨下，青年两手空空，优哉优哉。如果你走上前去问："怎么不让青年自己来上学，自己拿东西？"亲友团会说："孩子头一次出远门，没什么经验，万一发生什么问题怎么办？"

多年以后，前一个青年早已走进了事业的大门，他知道自古创业多艰难，靠人不如靠自己。于是，他自强自立，独立面对打击，面对困难，勇敢地接受挑战，一步步走向成功。另一个青年，则如温室里的花草，仍在门口徘徊，不思进取，成为啃老族。也或许他找到了一份工作，为人打工，生活里却没有一丝亮色，一生庸碌无为。

多年以后，再来回味这一切时，无论是欣慰还是怨恨，做父母的又能说些什么呢？或许只能说，是"一样"与"不一样"造就了不同的人生。

（武新明）

## 怕你被人伤害

他从小丧父，因此顽劣不堪，到处闯祸。比如用刀子将邻居的葫芦"斩首"，把人家的小鸡用门袋套住，逮到野外用柴火烧了吃，最爱打群架，用砖头敲破小伙伴的头。他就像古代的周处，虽说没被乡邻列为"三害"，却也常遭不齿。

母亲又气又疼，怎么管教也不行，常常暗自垂泪。没办法，就天天盯着他，甚至到学校的门口等他，放了学就关进家里不让出去。他觉得被"软禁"了，更加逆反，有一次跳墙往外跑扭伤了脚，母亲背他去医院，边走边流泪。他还埋怨："妈，都怪你看得紧，你不就是怕我出去害人吗？"母亲说："妈不是怕你出去害人，是怕你被人伤害。"

他那颗顽劣的心，霎时满是惊涛骇浪，他伏在母亲背上不说话，怕一说话会哽咽，眼泪会掉下来。就是从那时起，他再也没有惹过祸。母亲的教诲何止千言万语，都被他当成了耳旁风，唯独这一句，犹如甘露洒心，洗掉了心上所有的毒。

他就是我的老乡，姓马。谁也想不到他一夜间就变了个人，变得乖顺、勤奋，后来一路上大学、进机关、当上了领导。我是为给单位办事，要跑这个部门才来找他的，虽说知道他的一些往昔，但眼前他的温文尔雅还是让我吃惊，哪里还有儿时顽劣的影子。

他说是母亲那句话，让他看到了一颗被他伤透、却还呵护着他的心。作为母亲，那句话也许有些自私甚至是溺爱，但他无论如何不能再伤她的心了。

为了儿女成才，父母对我们讲过的话，可谓浩瀚如海，而总有那么一两句，听似无意，却真正能见到奇效，我不是也有类似的体会吗？

我有个堂哥，叔叔在世时，他游手好闲，仗着叔叔做生意挣下的家底，谁也看不起，既自私又冷漠，谁见了他都躲得远远的。不过叔叔结交广、人缘好，堂哥结婚时宾客如云，很是风光。后来叔叔患了癌症，不到50岁就去世了，人们都说，堂哥早晚得败掉这个家，却不想堂哥一改顽颓，居然把生意做得赛过了叔叔。

若不是堂嫂因病去世，堂哥要再婚，也许无人能更直观地感觉出堂哥的脱胎换骨。他的婚礼办得很隆重，我因故没去，后来跟父母打听，母亲抢着说，车队多豪华、新娘多漂亮、陪嫁多丰盛……未了，父亲加了一句话："上次婚礼来的客人，都是你叔叔的朋友，而这次来的就全是你哥的朋友了，比你叔叔在世时还要多，这小子，真行！"

父亲虽是在夸堂哥，却深深触动了我。那时的我清高孤僻，觉得社会交际是一件很庸俗的事,数一数,除了同事,我几乎没什么朋友,还觉得这就是个性。父亲这句话,像一股温暖的春风扑面而来,融化了心里的冰,吹散了脸上的麻木:交朋友是一件多么温暖的事!原以为,人过三十性情已定,却偏偏又因父亲而改变:从此处处与人为善,尽量多帮助别人,热情、随和、慷慨,包容一切,不再患得患失。我自己都能感觉出身边的朋友多起来,因为一颗心觉得越来越暖和了。

你也仔细想想,生命中可曾也有过这样的一句话,它出自亲人之口,没什么哲理,甚至不讲什么道理,却如甘露洒心,真的很神奇!

(文 冬)

## 伤痕是命运馈赠的花纹

有个"富二代"的男孩儿，从上高中开始，就被父亲送到乡间一所普通的寄宿制学校。为此，男孩儿很是怨恨父亲，这个处在叛逆期的少年，渐渐将这种怨恨转嫁到学习中，成绩一落千丈。父亲给了他严厉的教训：如果考不上一所好大学，将断绝他的一切生活来源。

男孩儿后来考上了一所三流大学，让他意外的是，父亲真的断绝了他的生活来源。绝望的情绪在儿子心中转化为一种愤怒，他发誓从此自食其力，并干出一番事业给父亲看。四年大学生活，男孩儿靠勤工俭学勉强维持了自己的生活。大学毕业后，他从在街头散发小广告做起，慢慢积累资金，不久后开了一家数码器材网店。

虽然父亲没有资助他金钱，可是，这些年他积累下的人脉还是很好地帮助了这个男孩儿，有一个数码器材商，答应可以让他先提货后付款。男孩儿的网店逐渐有了起色，在众多淘宝店家中，他以服务细心周到、商品诚信无欺而有了良好的信誉。一年之后，在那个数码器材商的担保下，男孩儿在银行贷了一笔款，在市中心的步行街上开了一家实体店，这时，一个亲戚找到他，说父亲患了病。

男孩儿拒绝去看父亲，亲戚说了很多劝诱的话，男孩儿含泪说起自己这些年的艰难。亲戚黯然退了出去，男孩儿心绪复杂地坐在桌前，这时，他接到了自己的合作伙伴，那个数码器材商的电话。那个人告诉他，当年自己能够允许他赊货，并不是天性仁慈，而是他的父亲事先有过请求，甚至后来的银行担保，都是他父亲用自己的资产在他那里做了抵押。

男孩儿恍然大悟，他这才想起，为什么竞争如此残酷的社会中，自己会遇到数码器材商这样的好人。

他去看父亲，几年不见，那个曾经让他怨恨的男人已经衰老到两鬓斑白了。儿子的眼睛倏然湿润，他默默用自己的双手握住父亲，内心虽然有了原谅，可情感上还是无法迅速同父亲亲近起来。

父亲轻轻在枕下翻出一张陈旧的报纸，那上面，有他用红笔重重圈出的一篇文章：在遥远寒冷的西伯利亚，生活着一种奇特的野生花腹驼鹿，每年秋季来临，母鹿都会带领小鹿找一个荆棘丛生的地方，跳跃着穿越大片荆棘丛。因为幼鹿个子矮，所以每只小鹿在跳跃时腹部都会被划出一道道渗血的伤痕。因为受了伤，小鹿觅食时即使吃得已经够饱，也不敢躺下休息，那样就会扎痛伤口。一只幼鹿需要经历二个被荆棘刺伤的秋季才能成年，当幼鹿长成大鹿，它们的腹部就会留下美丽的花纹，这些花纹，就是由那些伤痕凝结而成的。正是由于这些伤痕，在西伯利亚的山林中，每年冬天因为体弱而冻死的动物虽然很多，其中却唯独没有花腹驼鹿。

儿子若有所动，他垂头看父亲，躺在病床上的老人徐徐开口：人生这条路处处都是挫折和磨难，也许我的财富可以让你暂时衣食无忧，但是，要想真正拥有精彩人生，还需要你具备两样东西，那就是直面磨难的承受力和勇气。而这样的勇气和承受力，越早拥有越能帮助人成长。

听着父亲的话，儿子终于理解了父亲的苦心。历练伤痕的过程虽然让人纠结甚至痛苦，但当那些伤痕凝结成美丽的花纹，他才明白，那其实是命运厚赠的恩典。

（琴　台）

## 孩子的眼中有你

诗人张秀亚女士的一首小诗写出了一个极美的境界，照录如下：

小白花＼像一个托着牛奶杯子的天真孩童＼到处倾洒着＼风吹来＼小杯子一歪＼又洒出去一些

刚看到这首诗时，我的内心也变得非常纯洁、明净了，然后，忽然省悟：为什么自己就从来没有用这样的一颗心来对待孩子呢？

不是吗？当两岁的儿子拿着杯子歪歪扭扭地走过来的时候，我总是紧张地瞪着他，生怕他把杯里的东西洒出去。要是他真的洒了，我每每都会很大声地斥责他。即便有的时候能控制情绪，不去严厉地对待他，可也总是飞也似的拿起抹布东擦西抹，有意无意地在刺激他："你做了一件错事，看，还要爸爸来替你收拾干净。"为什么我要这样对待他呢？

和家里的沙发、地毯比较起来，儿子的价值当然高出许多许多。可是，每次孩子把牛奶洒在沙发上或者地上，我都是飞快地把孩子赶在一边，然后，很恼怒地去擦洗沙发或地板。在那一刻，孩子眼中气急败坏的爸爸好像更爱沙发、地毯，甚至多过爱他吗？

我这样后悔，然而并不是说从今以后，在孩子砸破东西的时候，我都会鼓掌叫好，并且会很快乐地叫他再来一次。我只是提醒自己，这是上天赋予幼儿的一个特殊的权利。当然，我也许仍然会急急忙忙地去收拾，仍然会告诉儿子：下次不允许。可是，在我心里却要感谢上苍，感恩我享受到的做父亲的幸福。

人生有各个不同的阶段，每一个阶段都有不同的色彩，我们既然可以欣赏老年的慈和、中年的成熟、青年的美丽、少年的天真，那么我们为什么不能欣赏幼儿的失误呢？

可能他不会稳稳地拿杯子，他不会好好地拿汤匙，要是跑得快了，他还会摔倒。可是，在这样幼小的时候，他所有的失误，不都是为了惹起母亲的怜爱、父亲的慈爱吗？不都是为了告诉父母，他时刻不能离开你吗？他有软软的双手和软软的双脚，需要我们给他永不嫌多的抚爱和安慰，需要我们所有的鼓励和帮助。

要知道，忽然有一天，当他走路不再跌跤，当他把杯子拿得很稳，当他口齿非常清晰的时候，他也就不再这样须臾不可离地需要我们了。

今天，我才发现，我和妻子都在虚掷着上苍给我们的一段最好的时光。在这段时光里，我们原来可以好好地享受孩子给我们的每一刹那和我们给孩子的每一刹那，我们原来该是整个世界的一个开始，享受着最单纯与无私的爱，这样的爱，在以后的日子里将变得越来越稀少。亲爱的朋友，让我们来做快乐的父母吧。

最后，让我们再来分享诗人张秀亚的一段文字："有时，偶尔我为一些日常的琐事而抑郁时，墙外传来巷中孩童的不分明的语声，夹杂着纯真的欢笑，每使我莞尔，而想到了那句诗：上帝，孩子的眼中有你！"

（梁　瑜）

## 父亲惩罚我酒驾

那年,父亲常到集镇上做小生意。我每天早晨用我的车把父亲和他的货物载到集镇后返回,下午6点钟我再开车去把他接回来。

一个下午,找了几个朋友一起打牌、喝酒。我完全沉浸在打牌喝酒的乐趣之中,一时忘记了接父亲回家。等到我意识到这事的时候,已经是晚上7点半了。我急忙放下杯子,驱车去接父亲。

路上我就想,父亲如果知道我因打牌喝酒而迟到的话一定会非常生气,思来想去,我决定说谎,告诉他今天因接到了紧急任务加班,所以来晚了。

怀着忐忑不安的心情,我把车有惊无险地开到了我们约定的地点,父亲正坐在街边的一个角落里抽烟。我向父亲解释说我本来是想尽快地赶过来的,但是由于加班,所以今天来晚了。父亲听了我的话,抬起头用一种怪怪的眼神看了我好一会儿。那眼神让我不知所措。

许久,父亲才对我说:"我感到非常失望!你竟然对我撒谎。"

我小声地嘟囔:"我讲的全是实话呀。"

父亲又一次看了我一眼，很镇定地说道："当你没有按时出现的时候，我打电话给你，你却关机。我又打电话问你妈你是否有事，她告诉我你下午没上班，并说你出去的时候是开着车的。后来，我打电话到你办公室，你的同事说你下午没到单位去。我担心你出事，就一直给你打电话，但你一直不开机。现在，你一身酒味。你一解释，我就知道你是在说谎。"

一种羞愧感顿时袭遍了我的全身，我无奈地承认了我喝酒打牌的事。

"我很生气，不是对你，是对我自己，"父亲沙哑着嗓音继续说，"你看，我今天已经认识到，作为父亲我其实是很失败的。其一，如果这么多年，我对你严于律己的教育使你仍然觉得你必须对我撒谎，我必须深刻地做一次反省：为什么我的儿子因为这事而不能跟他的父亲说真话？其二，让我更担心，我也预感到了危险。当初买车的时候，你给我作过保证，在任何时候'开车不喝酒，喝酒不开车'，但你今晚喝了酒后竟然把车开来接我。这一方面是对我的不尊重，另一方面也是对你、对他人生命的不负责。你自己作的保证都能很快食言，那我就很担心你以后的安全。"

顿了顿，父亲又说道："所以，我现在坚决不坐你的车，而且，我要走回家去，算是这些年对我在你的教育问题上所犯错误的惩罚，也是对你酒后驾车的严重不满。"

"可是，从这儿回家整整有10里路，你已是50多岁的人了！"

我一听，急了，赶紧劝父亲上车。可他平静地说："你不用管，我惩罚的是我自己。"

结果，无论我怎样劝解，父亲始终不上车。他把剩下的货物用一根竹竿挑起来搭在肩上，沿着尘土弥漫的道路走着，而我则缓缓地开车跟着他……看着父亲微驼的背影，我心酸得真想大哭一场。

整整10里路，父亲始终没有回头看我一眼，我一直跟在他身后，用车灯给他照亮。这10里路，我们父子俩用了整整70分钟才走完。可它却成了我生命中最深刻的一段历程。

（祝师基）

## 最美的卡通

十字路口向西的拐角处，一方不足5平方米的露天场地，是他和她的工作岗位，早上、傍晚或礼拜天，他们一家三口就会登上这个舞台。舞台之上，他显然是主角，她和孩子是配角。

场地上一块退了色"修车，兼修电动车"的牌子，一把破损的帆布伞，一辆堆满工具和配件的三轮车……唯一醒目的是，一台崭新的充电机，充电机前的招牌上红底白字——充电10分钟，只收1元钱，可行10公里！

每天上下班时，他们的修车摊周围都停满了待修的车，男人总是一个定格的画面，沾满油污的手在修车。女人没有男人忙碌，整理工具，为男人泡杯茶，清闲无事时，端坐在小凳上，一脸幸福地端详着男人修车。

他们的回头客很多，原因有三：一是男人的手艺出众，二是服务热情周到，三是紧个箍儿呀，换个螺丝什么的，从不收钱。来修车的人深知他们生活的不易，总是悄悄地在他们的工具台上丢下一两个硬币。

今年，交通部门要求电动车统一上牌照。虽然领牌照处也有人张贴"上牌照3元"的便利广告，但很多人还是领回牌照后来到了他们的修车摊前，一时间，他们的摊前排起了长队。

我家的三辆电动车也领回了牌照。妻的电动车是新买的，可上路不久车前的塑料挡盖就跌破了个洞，打算换一块挡盖，可专卖店价格实在麻人！因而，妻建议我趁去上牌照，询问一下对这个破洞有没有补救的措施。

礼拜天，来到他们的修车摊，男人趁空闲，很快帮我上好了三块牌照，我还没向他提出电动车挡盖上破洞的事儿，他倒关注起来，一会儿用手比画着洞的大小，一会儿弓腰查看挡盖的反面。这时，女人骑着一辆半旧的电动车，载着他们十岁左右的男孩，来到了车摊前。孩子一下车，就卸下背着的葫芦丝包。一时，我有点疑惑他们母子的举动，女人或许看出我的异样，有点自豪地说，孩子喜欢音乐，就利用礼拜天去学葫芦丝，这不刚回来！孩子像是要验证母亲所说的话，马上吹奏起刚学的乐曲来，悠扬的葫芦丝声，让我忘了正身处一个修车摊前……

一曲吹罢，男孩收拾起葫芦丝，见男人在专注电动车挡盖上的破洞，或许不满意父亲对他吹奏显出的冷淡，孩子有点撒娇，挤到男人的跟前，悄声地问，爸爸，我吹得不好吗？男人抬起头，夸了一句，很好啊！爸爸忙呢！自己玩去吧！听到父亲的夸奖，孩子很快恢复了天真，瞥了一眼电动车上的破洞，试探着问，爸爸，你是在想这个破洞的修法吗？男人一直想不出补救破洞的好措施，有点心烦地答道，是呀！难道你有好法子？

或许是终日的耳濡目染，让男孩也有了生活的能力，男孩离开了男人的臂弯，翻找起自己的书包来，不一会儿，他兴致勃勃地拿出卡通贴图，动作极快地剥下一张，对准破洞，一贴而就！啊，破洞没有了，电动车挡盖上是一张鲜艳的卡通画。那一刻，我被孩子突然的举措和想象，感动得无法形容。显然，男人对自己的孩子也非常满意，他兴奋地对女人说，长江后浪推前浪呀，咱孩子一定比我强、

骑着卡通画装饰后的电动车，我一路兴奋，这毕竟是一个十岁孩子的想象力，用最简洁的方式解决了一个棘手的问题。更难能可贵的是，辛勤劳作的父母让孩子早早地学会了分担。这难道不是一张最美的卡通画？

（胥雅月）

## 红尘里的坚守

　　那一年正值新版人民币发行，新旧更替的阶段，假币也相应多了起来。由于那时对新版人民币还不是很熟悉，所以每次购物时拿着找回来的钱，心里总是没底。有一天，很不幸地发现，自己居然有一张五十元的假币。仔细地回想，记起这钱是前天在街上的烟摊买烟时找回来的。犹豫了良久，还是去那个烟摊碰碰运气。

　　时隔两天，莫说两天，就是转身的工夫，人家不承认也没有办法，所以并没抱有什么希望。烟摊的主人是一个四十多岁的女人，听我说了情况，接过我手里的钱看了看，居然二话没说就给我换了一张，由于太过顺利，心里反而有了怀疑，便拿钱去附近的银行验了一下，才放下心来。

　　想着回去跟人家说声谢谢，却见又有一人拿了张二十元面值的钱正跟那女人理论。女人接过钱看了看，说："对不起，这不是从我这儿找出去的！"那人一再坚持，女人只是不给换，引得许多人围拢过来看热闹、见人多了，那人似乎有了底气，拿着那张钱讲事情的经过，人们纷纷指责卖烟的女人。女人似乎气极，从口袋里掏出一大把钱来,都是小面值。她把钱摊开给大家看,说:"我知道现在假钱多,我原有的钱和收来的钱,都用笔在角上点了一点,我就怕把假钱找给别人,回来时我好给人家换!"

那人终于讪讪地走了,人们议论纷纷。站在旁边,看着这个在风雨街头摆烟摊的女人,由衷地生起一种钦敬。想想那些为了挣钱而不择手段的人,只觉她的目光清莹无比。七月的阳光洒落,驱散了心中的阴影,而那女人就在阳光下,如一脉清流,闪着温暖的光。

十年前,我曾在一个偏远的小镇上当教师,教初中。班上有一个叫李雨格的女生,文静漂亮,只是学习不好,家里也贫困。她上课时连书都不翻一下,不管怎样给她辅导补课,就是不开窍,作业也不写,为此我没少批评她,甚至还对她进行了一次家访。

这是我的第一次家访。虽然小镇的生活水平普遍很低,可李雨格家的贫穷仍让我吃了一惊。我去的时候,她姐姐在外间的灶台上做饭,她奶奶和母亲双双卧病在炕。而雨格正大声地训斥着弟弟:"你看大姐学习那么好都不念了,在家里干活,我学习又不好,那些书都是给你留的,到时你就不用交书费了,可你还不好好学习,你想想咱爸当初咋跟你说的,可你还不好好学习,你对得起谁呀?"终于了解到,她父亲早故,最大的心愿就是让孩子们都能上学,至少也要读完初中。若不是因为父亲的话,雨格早就如姐姐般,帮家里干活了。

从那以后,我再也没有批评过李雨格。只在那里教了一年多的书，我便又辗转他方，也不知她读完初中没有。再次的邂逅已是七八年以后了，在省城。当时在街上看到一群女孩子，大多穿得暴露，花枝招展，只有一个朴素得有些土，便多看了几眼，依稀有些面熟。正巧那女孩儿也看过来，立刻跑过来惊喜地叫了声老师，终于认出李雨格。她说是来城里给母亲买药的，她也早就不上学了，并兴奋地告诉我，她弟弟今年考上了大学。

我有些好奇地问起远处那些女孩儿，她脸红了一下，说："都是我的老乡啊，她们都说是出来打工的，可我知道她们是做什么的！她们也总是劝我出来，说挣钱多。我家虽然缺钱，可我不出来，在家里种蔬菜呢！"我问："那你还和她们来往？"她说："她们都是我的好朋友啊，虽然我不赞成她们的做法，可我不会瞧不起她们，她们也对我好呢！"

有一种很复杂的情绪在心里涌动，看着雨格因长年劳累而粗糙的双手，忽然明白，在她的心里，是在努力地保存着一些东西的。是的，有的时候，说什么为生活所迫之类的，都是借口，先自溃了心里的堤岸，总会被红尘淹没。而开在尘埃里的花朵，却明澈无比，直入人心。

在哈尔滨的时候，认识一个长我十岁的男人，我们共事过三年，后来他辞职，自己开了一个店，生意也不错。关于他有一件奇怪的事，每年的阴历七月十一那天，他都必要请一天假，若是正逢周六周日，更是四处也找不到他。说这些的是一个在此工作了二十多年的老同事，这位老同事与他共事也超过十年了，所以很了解。一直以来也不知那一天他到底去了哪里，我们想，可能是他很重要的一个日子吧！后来，我离开哈尔滨，便也渐渐淡忘。

去年的时候，去沈阳办事，到南站预购车票时，在一个过街天桥的入口，忽然就与他相遇了。当时我震惊得说不出话来，他一身破旧的衣裳，头发蓬乱，正坐在入口那儿，面前放一纸盒，里面零零散散的钱。他居然成了乞丐！良久，我才走到他面前，轻轻地叫他的名字，他抬眼，终于认出我，很是惊喜。我问："你怎么……"他摇手："你要是没事儿，再等我半个小时！"

半小时后，夜幕降临，他起身，拿起那纸盒，说："走吧。"从天桥过了街，他顺手将纸盒给了街角的另一个乞丐。随他进了附近的一个旅馆，他洗漱了一下换了衣服，带我出去吃饭。这其间我一直无法开口询问。看着一进一出两种截然不同的形象，心想这年头乞丐真挣钱。路上，他对我说："还记得这一天吧？阴历七月十一啊！"瞬间想起了他的事，满肚子疑惑。

一杯酒下去，他对我说："每一年的这一天，我都要来沈阳当一天的乞丐！不怕你笑话，当年我妈就是乞丐，她带着我一路乞讨到了沈阳，找我爸。我爸没找着，我妈却死在了这里。那时我十岁，我和我妈就住在立交桥下面，我妈不让我去讨钱，每次她都在南站那个过街天桥那儿，她让我在附近玩儿，不让我接近她。后来我明白了，她是不想让我体会那种滋味啊！那年的七月十一，我妈犯心脏病死了，我记得当时她的眼睛里，对我是多么地不放心和舍不得！后来，我参加工作后，是十八岁吧，从那时起每一年的今天，我都来沈阳，在那里当一天乞丐，体会我妈当年的心情，就当是我对她的怀念和报答……"

吃过饭，他乘夜里的火车返回哈尔滨，而我却在那个过街天桥下站了很久。仿佛看到了一个母亲蜷缩的身影，也看到了一个儿子心里的眷恋与感恩。忽然想起自己的母亲，于是在灯火通明的大街上，我泪如雨下。

（包利民）

## 30秒的拥抱

在哈尔滨,一天傍晚,一位妻子由丈夫陪着出门散步。没走多远,一辆车从背后疾速驶来撞向妻子。由于事发突然,丈夫吓呆了。不等回过神,就见妻子直挺挺地向后摔倒。接着后脑着地,血流不止。

经过紧急抢救,头部严重受伤的妻子脱离了生命危险。事后,许多人大惑不解:人在摔倒时,会本能地用手撑地,以减少对自身的伤害,而且,轿车是从背后开来的,在强大惯性作用下,这位妻子应该是向前仆倒,肚腹着地,而不是后脑。

好在路口的摄像头清晰地拍下了当时的情景——妻子遭受撞击,在仆倒的瞬间又硬生生地拧身,双手护腹……而就是这两个动作:拧身、护腹,却保住了一个鲜活的小生命——腹中已6个月大的胎儿安然无恙。

在河北邢台,也有一位怀有6个月身孕的母亲叫韩蕊。因左腿根部时常疼痛,就去医院体检。诊断结果很快出来了:恶性纤维组织细胞瘤。面对这个糟糕的结果,家人只有两个选择:把孩子打掉,马上进行治疗；暂不治疗，直到孩子出生，结果很可能是大人、孩子都不保。

思来想去，韩蕊作出了最后决定：我要这个孩子，请让我做一次母亲吧，这可能是我仅有的机会。

放弃化疗，恶性肿瘤发展速度很快，并伴有剧烈疼痛。为了保住腹中的小生命，韩蕊只能靠小剂量的止疼片缓解疼痛。4个月后，孩子平安降生，而韩蕊左大腿已从周长60多厘米扩张到90多厘米，鸡蛋大小的肿瘤块足足增大了四倍。就在孩子出生的同时，这位母亲便被送上了手术台。

母亲节那天，我所工作的监狱举办了一项以"感恩母亲，激励新生"为主题的活动。当一百多名服刑人员的母亲接到邀请走进监狱时，我注意到一位抱着孩子的白发母亲。母亲看上去约莫有60岁，腰身佝偻得很厉害。上前询问才得知：儿子犯罪入狱，儿媳将年仅6岁、患有脑瘫的孩子撇给她后离婚另嫁。从不满周岁到现在，孙子几乎是在她的怀里长大的。

这次活动，有一项内容叫拥抱母亲。在民警组织下，百余名服刑人员为母亲们送上了康乃馨，接下来要给母亲一个温暖的拥抱。许是那位白发母亲6年如一日照顾孙子的故事启发了我，我刻意留意了下时间——10秒钟后，大约有一半的服刑人员松开了拥抱母亲的手臂；15秒钟后，现场只剩七八个服刑人员还在搂住母亲流泪；25秒钟后，拥抱结束。在结束的那一刻，我分明看到母亲们大多意犹未尽。

为了孩子，母亲肯放弃自己的安危，甚至不顾惜自己的生命，但我们给予母亲的，却常常是一个不足30秒的拥抱！

我无意苛责服刑囚子对母亲的吝啬。其实，我们又何尝不是如此吝啬？也许，我们有足够多的理由来推脱：工作忙；压力大；应酬多；我按时支付赡养费，没让母亲操心……可是，想想母亲为我们的付出，这些理由还能站得住脚吗？

如果你承认理由苍白无力，如果你已经意识到自己很久没亲近过父母了，那么，今晚回家，就张开你的手臂，给母亲一个30秒的拥抱吧。

我相信，母亲一定会惊讶，接着会含泪微笑，并像当年你依恋母亲温暖的怀抱一样，母亲也会孩子般久久不愿松手……

（菊韵香）

## 家乡的路

从滇北到黔南，一路都是绵延起伏的高山。山中有村，村中有树，树间有路。

那是我每年赶着冬雪回家的必经之路。从这条群山环抱的小路一直往北，便可遥望我朝思暮想的故乡。

故乡静默在云贵高原的东北面，像一尊千古不化的石雕，守护着这片安详的乐土。

十七岁毕业，十八岁离家外出游学，至今已有整整七年。坐在湘西的乌篷船上，故乡的路，越发使我觉得亲切而遥远。

高原多山少水。因此，自小便对那浩瀚无边的水域有着神秘而无法言说的渴望。也是因为这般缘故，外出游学时，便铁定了心要往祖国的东面跑。目的，也不过是为了看看那些波涛奔涌的大海。

不见时觉得神秘，见了，反倒感念起故乡的好来。每每想起故乡，首先在脑海中浮现的，便是那蜿蜒曲折的树间小路。

小路两旁的树木终年互拥，葳蕤常绿，把空气都笼罩得越发清凉。那透骨的凉意，即便在三伏烈夏，也丝毫不减。

中学时，母亲常常站在这条铺满青苔的小路上等我。她晃着臃肿的身子，骑着一辆叮叮当当的三轮车，立在斑驳的夕阳中，一动不动地看着来路。

可惜，那时年少轻狂的我，并不曾觉察到她的真正用意。

很多时候，我都是骑着那辆火红色的牛头赛车，急急奔入她的眼帘，而后，未等她眼中的欣喜全然退却，又急急地消失于她的视线。

她极少喊我。任凭我载着青春的叛逆与张狂，抛下她，大步流星地朝前而去。

许多年后，坐在湘西的乌篷船上，想起故乡的路，才忽然想起她的艰难。那时父亲刚走，生活所有的重担都压在她的肩上。可毕竟，她是个妇道人家。而南陲边塞，又多有鬼怪神异的传闻。夕阳晚照，夜幕即临，她自是不敢独回，才在那条必经的小路上等我。

可谁能料到？她的大儿子并不能领会她的用意，竟将孤身无助的她遥遥地抛在树林间的夕阳小路上。

外出游学之后，每年春节回家，她还是会在那条熟悉的小路上等我。仍旧骑着破旧的三轮车，仍旧一动不动，仍旧静默得如同一尊泥塑。

只是，这时的我已然懂了。我会远远地，喊她一声，而后，飞快地奔至她的跟前，让她仔细地看看我，摸摸我。她知道，她拗不过我的倔犟，只好慢悠悠地爬进后车兜里，让我把她载回家。

偶尔，她的眼中会泛出一道晶亮的光。我不忍看，只好牢牢凝视前方这条长满青苔的小路。

去年，滇北大雪，赶极远的路回家。她仍然立在那条荒凉的小路上等我。呼啸的风和漫天的雪，似要将越发臃肿的她一并卷进岁月的深沟里去。

于是，我又懂了。这条回家的路，早就写满了母亲思儿的孤独。

（一路开花）

父母是最好的老师

# 发现母亲为我们做的每一点

为了让母亲安心地留下来,我们将钟点工辞了。在母亲看来,有她在,还请别人,那简直是天大的浪费。

自从母亲和我们住在一起,每天下班回家,都有热乎乎可口的饭菜吃,家也收拾得井井有条。母亲不识字,不会看书读报,连电视也很少看。我们白天去上班,她就一个人在家,东忙忙,西忙忙,一天就寂静地过去了。直到我们都回到家,家里才热闹起来。可是,我们在说说笑笑的时候,母亲往往只是笑眯眯地坐在一边看着,我们说的话题,她永远插不上嘴;而她偶尔讲起的话题,我们又多半不感兴趣。有时候,母亲会默默地一个人拐进厨房,将刚刚洗过的锅碗,又抹洗一遍。看着母亲的背影,我的心里忽然酸酸的,我知道住惯了乡下的母亲,和我们住在一起后,其实很辛苦、很孤单、很无奈,可我却想不出一个有效的办法,来缓解母亲的孤独。

一天回家,推开窗户,惊讶地发现窗户上安装的隐形纱窗变得很干净。这套隐形纱窗安装上后,因为无法拆卸,所以一直没有清洗过,很多网眼都快被灰尘堵住了。今天,纱窗怎么会变得格外清爽、透气？我走进厨房，问正在做饭的母亲："妈，我们家的纱窗怎么都变得这么干净啊？"母亲笑而不语。我明白了，这是母亲擦洗过的结果。我嗔怪母亲，我们家虽然住二楼，站在窗户边擦拭还是很危险的。而且，那么脏的纱窗，擦洗起来多费力啊，毕竟母亲是六十多岁的人了。母亲的心情看起来却非常好，连连摆手，这点小事，与我种地比起来，轻松多了。话虽这么说，我还是劝说母亲，下次千万别再干这样的累活险活了。

不一会儿，儿子和妻子也回家了。我问儿子："你看看咱们家有什么变化？"儿子东瞧瞧，西望望，忽然大呼小叫起来："我们家的窗户变干净了，是不是？"妻子也附和着，难怪一进家，感觉比以前亮堂了不少。我告诉儿子，这是奶奶今天擦洗的。"奶奶，您辛苦了！"儿子冲着厨房高喊了一声。

吃晚饭时，话题不知道怎么又扯到了纱窗上，我再次向母亲表达了我们的惊喜和感激。我发现那天母亲的精神特别好，像个受到了表扬的孩子一样。

又过了一段日子，有一天，我在书房查找一本旧资料。翻了几节书柜，好不容易才在一堆旧教材中找到。将翻开的书归位时，无意间发现书架上一尘不染。说来惭愧，虽然我是个爱书之人，但却很少整理书橱。有时候，某节书柜长时间没用过，再打开的时候，书和书的缝隙之间，就会积攒着一层灰尘。奇怪的是，这次书橱竟然这么干净。我走进母亲的房间，问正在做针线活的母亲，我的书房，你是不是整理过了？母亲紧张地看着我，"是不是我把你的书弄乱了？我是一本一本拿下来，擦干净后，再按照顺序，一本一本摆回去的，怎么还是摆错了呢？"我笑着打断母亲："没乱，没乱。我是想告诉您，我的书橱，还是第一次这么整洁呢。谢谢您，老妈。"母亲一听，咧开嘴笑了，笑得很甜。

我忽然意识到，除了日常生活无微不至的照顾之外，母亲还在默默地为我们奉献着很多很多，只是母亲的很多辛苦和操劳都被我们忽视了。而只要你留心观察，并向母亲表达出来，母亲就会特别开心、特别满足。她并非为了我们的感激和表扬，而是因为我们的一个微笑、一个眼神，都会让她感觉到她还是有用的。

从那以后，我就做了一个有心人。每天回到家后，我都会暗自留意，看看今天的家中，又有了怎样的变化和惊喜。几乎每一天，我都会有所发现，从未失望：今天的餐具，特别干净啊；我的衣服纽扣，又被缝上了；今天的被子真香啊，透着一股阳光的味道，今天刚刚晒过吧；今天有道菜，是第一次尝到，母亲刚学来的吧；今天的凉水有股甜味，竟然是母亲坐公交车去山里的泉眼打回来的；今天的板凳上面，都将凉座席换成了棉的，坐上去又暖和又柔软……而且，每次有所发现之后，我都会大声地告诉母亲，说出我们的惊喜，也说出我们的感激。每次，母亲都会摇头，连连摆手，没什么没什么，神情还有点不好意思。可是，我感受到了她内心的满足和欢乐。

没有人规定亲人为我们的付出是天经地义的，他们为我们做的每一点，都是源自内心深深的爱。无爱，他们就不会细心地发现并整理它们；无爱，他们就不会每日辛劳地擦拭它们。而我们，也应留心这些爱，珍藏这些爱，并勇于表达这些爱。及时说出我们的爱，会让我们和亲人之间更加无间，更加亲密，更加温暖。这正如受到了阳光照射的花朵一样，说出爱的光芒，爱就会愈加绵长，永不会枯萎和凋零。

（麦　父）

# 失去与得到

四楼阳台上，一个两岁小女孩的妈妈在给小女孩喂奶粉，两岁小女孩要下妈妈的勺子玩，玩得很开心，突然小女孩一不小心，勺子掉下了阳台。

"哇……"小女孩惊天动地的哭，与刚才的快乐模样完全判若两人。

不过就是一个勺子而已。怎样才能制止小女孩的哭呢？

年轻妈妈想了许多办法，小女孩一直哭着不停，她用小小的手指，指着阳台下面的地板，意思是她还要那个掉了的勺子。

妈妈不想去捡，一是因为下楼上楼太难，二是因为没必要，不就是一个勺子吗？

妈妈为小女孩拿来一个新勺子，小女孩看也不看，就打掉了新勺子。

在她眼里，那个掉了的勺子才是最好的勺子。

生活中，这样的事例举不胜举。失去了的，大家总以为是最好的。哪怕新的再好也要恋旧。

这是人性的通病。

"失去了，别哭。"这是年轻妈妈教育孩子的第一堂课。

"宝宝，这个新勺子，你真的不要吗？"年轻妈妈给两岁小女孩看了看，就把新勺子扔下了四楼。

两岁小女孩低头看着新勺子掉落下去的情景，很惊奇的样子，并且不哭了。

妈妈抱着小女孩，回转身，又拿起了一个新勺子，准备扔下去。

"我要。"两岁小女孩夺过了妈妈的新勺子，她宝贝似的握在手中，她怕妈妈再次扔了新勺子。

妈妈笑了。

应该这样，生活中的东西或感情上的东西，失去了，别哭！得到了，别笑！

（张宇红）

## 妈妈的心是快乐的

你还在我肚子里的时候，你每动一下，我都有感觉，我开始呕吐，我虽然很不舒服，但妈妈的心是快乐的。

你越来越大，我当然越来越重，我开始行走不便。我睡觉的时候，都是侧身。我开始厌食，但妈妈的心是快乐的。

几个月后，你要出生了，妈妈被送到医院。妈妈胆子很小，但那一时刻，妈妈什么都不怕，妈妈有些紧张，也有些期盼，虽然要开刀，要经过生死，但妈妈的心是快乐的。

你出生后，放到了我的身旁，我静静地看着你，虽然伤口很疼，为了照顾你，我每天都睡得很晚，我开始脱发失眠，但妈妈的心是快乐的。

你渐渐可以独立行走了，我伴在你的身旁，为你的进步而高兴，怕你摔伤，我寸步不敢离开，虽然妈妈放弃了自己的爱好，但妈妈的心是快乐的。

你开始上学，我送你进入校园。虽然因为接送你，给你做可口的食物，分心大大，我工作不再出色，时常被领导批评，但妈妈的心是快乐的。

你毕业开始工作，我开始为你的娶妻和买房子发愁。我开始拼命工作，赚钱给你，只想减轻你的压力，虽然我很累，但妈妈的心是快乐的。

你有了孩子，我开始照顾我的小孙子。孩子很调皮，我腿脚不好，有时会因为照顾孩子不到位，而引起儿媳的冷嘲热讽，但妈妈的心是快乐的。

虽然妈妈现在不能动了，你很忙，为生活拼搏，不能来看我，说实话妈妈很想你，但是看着你的照片，听着你寥寥数语的电话，但妈妈的心是快乐的。

孩子，只要你能健康快乐，我有一天真的不在了，你能照顾好自己，妈妈在那边心也是快乐的。

（任万杰）

## 父爱很疼

2011年8月16日,在石家庄的一户农家,然然的妈妈在鸡舍里点燃炉子,给刚购进的雏鸡取暖,没想到一时不慎,炉腔里窜出长长的火苗引燃了塑料墙体和棉被,火势迅速蔓延扩大,将正在一旁玩耍的年仅5岁的然然团团围住。然然的妈妈不顾身上着火,拼命扑过去救然然,可是鸡舍内部是塑料等易燃品,火势猛烈。最终,然然全身60%二度烧伤,然然的妈妈身体也大面积的二度烧伤。母女被前来救火的村里人送到河北省友爱医院救治,因然然伤势严重,被立即转入重症病室。

然然的家很贫困,然然的爸爸杜金辉一年里有大半时间在外面打工。然然出事的当天,然然的爸爸正在平山县干装卸工。当他闻讯赶到医院时,看到女儿然然浑身上下被纱布包裹得严严实实,唯一露在外面的小手指也被烧得发黑,他只觉得一阵天旋地转,一个踉跄险些跌倒在地。他简直不敢相信:"这是我那个天真可爱、活泼健康的女儿吗?"

几天后,然然的主治医生找到杜金辉,告诉他然然身体10%~

12%的皮肤需要植皮，而亲人间的皮肤匹配度最好，成活率最高。然然的爸爸听后泪如泉涌："我是然然的爸爸，我可以把我全身的皮肤都割给我女儿……"然然的爸爸为了省下千余元的取皮手术费用，他苦苦哀求医生，不要去手术室做取皮手术，而要求在条件简陋的换药室去做。在取皮过程中，杜金辉坚决拒绝使用价钱昂贵的全麻药物，而是使用价格低廉的局麻药。医生忠告他："那会把你疼死！"他流着泪说："再疼还会有我女儿此刻疼吗？"

一百多针的取皮，可以想象然然的爸爸有多疼，他咬紧牙关坚持不喊出声，可最后还是喊出声了。凌迟般的取皮手术，太疼了！没有人能忍受得了。他喊归喊，喊完却对医生说："医生，你多取些皮，对我女儿好。"见惯了"血腥场面"的护士无不动容落泪，她们都被这个刚强、慈爱的父亲感动了。杜金辉右下肢一半的皮肤被生生割了下来植到女儿的身上。刚做完取皮手术，然然的爸爸不顾护士的好心忠告，忍着撕裂般的剧痛，一瘸一拐地挪到然然的病床前，悄悄地望着女儿。他说，他怕女儿然然醒了找不到爸爸。

区区千余元，在某些人眼里，不过是几盒烟、一瓶酒的钱，但对然然的爸爸来说，那就是女儿救命的钱，是女儿康复的希望。他说："能从自己身上省一点儿，把省下的钱用在女儿的用药上，女儿就多了一份康复的保证。"

虎父无犬女。然然和爸爸一样，坚强地面对着病魔。每次医生给她换药，然然疼得要命，但然然紧紧抓着爸爸给她买的画着"美羊羊"的气球,哭着喊"美羊羊给我力量",这是然然从动画片里学来的。

杜金辉"割皮救女"的举动,感动了医院,为他免除了大部分费用。他的事迹还被传到网上,他被网友们评为"最慈爱的父亲"。

当有记者问病床上的然然:"你能用一个词语来形容父亲对你的爱吗?"小然然脱口而出:"父爱很疼。"记者一下就呆住了,他以为然然会说"父爱无私伟大"之类的冠冕堂皇的话语,不料然然却用了这样一个朴实的词。

多么伟大慈爱的父亲,多么懂事孝顺的女儿。我们没有理由不被他们父女间那血浓于水的挚爱亲情感动得热泪盈眶,泪湿沾襟。

(佟才录)

## 身教胜于言传

有阵子儿子叫门卫奶奶很响亮,"奶奶好!"但去年暑假从沪回后,不叫了,怎么劝也不叫。

"孩子不爱叫人这问题"应很普遍,心理咨询师的回答是,"那就从你自己做起,别把孩子推在你前面,作为自己人际能力欠佳的挡箭牌。孩子要看你身教,而不单单是言传。"

这回答也让我一下汗颜!我想起曾经咨询她一个有关"玩具分享"的问题——"孩子不愿意把自己有些玩具与其他小朋友分享,以后长大了会不会成了一个小气的人?"她的回答是:"在妈妈明知孩子不愿意也要他拿玩具与其他孩子玩时,妈妈可能本人有'我不值得拥有'的潜在心理……"那么,我希望你落落大方,逢人就叫,难道不正是想弥补我交际欠佳的匮乏么?如咨询师所说,如果我为人热情,爱与人招呼(并不只是装礼貌来掩饰内心紧张,而是真诚与对方打招呼),那么不用我使劲口授,你自然会叫吧。

我一直记得小时父母常在客人面前说,"这孩子不爱叫人!教了多少遍!"然后我真的越来越不爱叫人,客人一来我如临大敌,猫在房间，反正被定位了。"叫人"成了我的一个障碍，直到成年，在众人面前发言或与陌生人主动搭讪，对我都是障碍。犹记得在一家青年刊物当编辑，去若干学校讲座时，每回对我的压力可谓"惊悚"。

因此，我对孩子这阶段不叫人并没怎么责备，我会想到我的童年父母对我的定义，"这孩子不爱叫人！"——有些定义说出容易更正难，我想会有一个合适时机，让孩子懂得在"打招呼"中蕴含的人际善意，尔后自然地喊出对方称谓。

（陈蔚文）

# 务虚务实与匹夫匹妇

人大抵有两种活法：务虚和务实。务虚者，譬如爱情，云里看虹雾里摘花，便是欲得周郎顾，时时误拂了琴弦误烧了饭菜，食盐当作了味精，味精当作了白糖，总还算是一种迷情的美丽。而婚姻却不然，婚姻愣是较真，具体而规范，专一而实效，你这么颠三倒四魂不守舍，日子怎么过？

虚不济实，往往最吃亏的便是唯爱主义者。这号人不事家务，不思兴家，一心只希望初恋的梦境能延续终身，两情相悦永远如火如荼，这种婚姻观，也就不能不镂写出"婚姻是爱情的坟墓"的墓志铭。罗密欧与朱丽叶、梁山伯与祝英台的爱情之所以让人千古吟泣，就因为他们虽爱得炽烈却终未成家。倘置于婚姻中，其理想的爱情未必不被生活的琐碎所渐次磨损，不因两人的龃龉而渐次消融。情的美丽在于它多生波折，而家的美丽在于它和睦安宁。

那么是否说婚姻就是排爱的呢？恰恰相反，婚姻正是对爱情的锤炼和衡定。恋爱时"海枯石烂"之类的海誓山盟可谓笃矣，是真是假，只待婚姻来检验了——你曾经许诺过，现在就看你怎样来做了。婚姻,需要的不是"赴汤蹈火"的名片,也不是虚妄的"华威先生",需要的是一缕平常情一颗平常心,一身平常责一份平常任,匹夫匹妇,家兴情新。

常见一些女子一副寿阳公主梅花妆的样子,十指尖尖,不择菜什不下厨,不洗衣裳不喂奶,以为这就有了身份有了地位,殊不知这份娇柔懒惰,不过是花着爱情的存折。也常见一些男子外面干了点事儿回家就摆谱儿,大腿叠着二郎腿跷着颇似天老爷第一他就算老二了,殊不知这份盛气凌人,不过是拿着家庭的和睦作抵押。

的确,婚姻中没有君臣,没有上帝和仆人,有的是纤夫艄妇,"牛郎织女",家非天堂,也非地狱,家不过是实实在在落在人间的一个平常去处。最灿烂的最终都会转为普遍,普遍则是世间万物之归宿。真正的爱不过是在"男耕女织"、"同舟共济"中,以一沟一垄一针一线而呈现粘合,以一风一浪一滩一险而深邃融合;真正的爱不见得要高夫贵妇之谋略,却少不了匹夫匹妇之举劳。

乐于承担乐于效劳的婚姻,是段佳姻。爱情也一样。

(钱寒冰)

## 我们都被攀比了

在物质供给极大丰富的社会，家长们很容易陷入攀比的怪圈里面：房子要买高档住宅，车子要开名牌的，衣服要穿名牌的，孩子读书要名校……似乎这样，才能让他们把其他人比下去，让他们有面子，让他们自豪，让他们昂首挺胸。殊不知，家长们的攀比心理和做法，在耳濡目染之下，小朋友照单全收了。

于是，小朋友们也在攀比：谁家的房子大，谁家的车子贵，谁的玩具多，谁的玩具新，谁的书包靓，谁的衣服是名牌……甚至，在不知不觉中，连我们做家长的，也被攀比了。

儿子读幼儿园大班时，有一天丈夫有事开走摩托车，我只能骑着一辆破单车去接儿子。我本不介意，因为既可以接儿子，又可以健身，一举两得，何乐而不为呢？像往常一样，我直接来到教室前接儿子，不同的是，这一次我还推着一辆破单车。看到我，儿子开心地跑出教室，但一看到破单车，小小的脸蛋便阴沉了，匆匆跑开。快到幼儿园门口，我追上他，他才肯上车。他一上车便问我：怎么不骑摩托车来接我？我说：爸爸骑走摩托车，我只能骑自行车来了。

他无语。但我心里知道：这个小朋友，人小鬼大，竟然因为我骑自行车来接他而觉得没面子，学会跟别人攀比了。

儿子读小学二年级时，有一次我送他去上学。在学校门口对着的小巷子里，人来车往，家长们都匆匆忙忙地带着孩子往学校赶。我看到一位老伯伯用自行车推着一个小女孩。老伯伯个子不高，有点艰难地推着自行车，而车上的小女孩很不安分，带着哭腔说要下车。老伯伯生气地说：不行，这里车子多，很危险，我送你到校门口。小女孩没办法，哭丧着脸坐在车子上面。但还没到校门口，她不由分说地一下子便跳下了车，说：行了，你回去吧，我自己走过去。说完逃一般跑进学校，留下带点失落、带点担心的老伯伯。

我有点感同身受：小女孩肯定是害怕同学们看到她坐自行车上学而笑话她，觉得坐自行车上学丢脸。我不禁感叹：现在的小朋友到底怎么了，年纪小小便学会了攀比？他们自己，有什么好攀比的，比来比去，还不是我们家长被攀比了？真有点无奈的感觉！

其实，每个人都有自己的生活，每个人都有自己的追求，为什么要去攀比呢？俗话说：人比人，比死人。适当的攀比，或许会给人带来某种动力，促使人们去实现目标；但过分的攀比，就有可能让自己失去尊严，甚至会误导人们去犯错。坚持自己的信念，建立适合自己的目标，过自己的生活，走自己的路，不攀不比，不羡不妒，这些，我们自己首先要做到，才能教导孩子们也这样做。

（诗　雨）

## 是母亲就有勇气

深夜11时24分,在美国洛杉矶国际机场,一位头发花白的东方女人引起了乘客的注意。她挎着黑色背包,背包上贴有一张用透明胶带层层缠绕的醒目的A4纸,上面用中文写着"徐莺瑞"三个字。

这位衣着朴素的东方女人在等待许久后,开始在人群中用蹩脚的普通话挨个询问:"请问你会说汉语吗?"临近午夜12时,她终于找到救星。一位黑头发的男人驻足她的身前,低头端详她手里的纸条:"我要在洛杉矶出境,有朋友在外接我。"在这张揉得皱巴巴的纸条上,还有另外两行中文,每行中文下面都用荧光笔打了横线,方便阅读。

第一行中文:"我要到哥斯达黎加看女儿,请问是在这里转机吗?"下面,是两行稍微细小的文字:分别是英语和西班牙语。第二行中文:"我要去领行李,能不能带我去?谢谢!"接着,同样又是英文和西班牙语的译文。

原来,她的女儿在十年前随女婿移民到了哥斯达黎加,如今刚生完第二胎,身子非常虚弱。女人思女心切,硬要从台湾过来看她。

很多人都以为，这不过是一段简单的行程。可深知航班内情的那位黑发男人，不禁被这简单的几行字感动得热泪涟涟。

从台南出发，要如何才能到达哥斯达黎加呢？她先得从台南飞至桃园机场，接着搭乘足足12小时的班机，从台北飞往美国；接着，要从美国飞五个多小时到达中美洲的转运中心——萨尔瓦多；然后，才能从萨尔瓦多乘机飞至目的地哥斯达黎加。她曾在拥挤的异国人群中狂奔摔倒，曾在午夜机场冰冷的坐椅上蜷缩，也曾在匆遽的人流中举着纸条怯怯求助……这一切的一切，不过只是想亲眼看看自己的女儿。

这是一位真实而又平凡的中国母亲。她来自台湾地区，67岁；不会说英语，不会说西班牙语；为了自己的女儿，独自一人飞行整整三天，从台南到哥斯达黎加，无惧这三万六千公里的艰难险阻。

（一路开花）

# 角落里的垃圾车

超市果蔬组的工作人员不多,这让他们总是特别忙碌。他们需要将腐烂的水果和蔬菜及时撤柜,扔到垃圾车里,然后将垃圾车推到门前角落,再然后,待不太忙的时候,送到更远处的垃圾箱。

老人于是出现。

老人坐在超市门前休息。每天他从家里走到街心花园,再从街心花园走回家,至少需要两个小时。老人会在距离超市不远处的公交车站点休息十分钟,从那里,他看到了那个垃圾车。

最初,老人只是静静地看。后来,他试探着走过去,将垃圾车推到远处的垃圾箱边,处理完垃圾,再将车推回来。老人的表情怯生生的,似乎他不是为超市做一件好事情,而是在跟超市的工作人员讨要一把青菜或者一斤水果。

一连几天,都是如此。只不过,老人的表情愈来愈轻松。有时候,将垃圾车推回来的途中,老人甚至会哼起快乐的小曲。

老人的脸,如同阳光下熟透的庄稼。

超市里的工作人员终将老人的举动发现。他们向老人表示感谢,又委婉地告诉老人，这些事，由他们自己来做就行。怎敢让老人做这样的事情呢？以老人这般年纪。

我没事。老人说，身体硬朗着呢。

可是再硬朗，他毕竟是一位七十多岁的老人。工作人员将他的举动告诉新近调来的店长，店长听罢，连连摇头。

这怎么行呢？他说，老胳膊老腿的，万一摔着了、扭着了、抻着了，怎么办呢？

他决定同老人好好谈一谈。

反正我也没什么事情，帮你们一点忙，真的算不了什么。老人说。

可是，太脏了。

我以前的工作更脏。

可是，太重了。

我的身体不比年轻人差。

可是，超市的规矩……

我会帮你们好好检查的。老人说，如果发现有用的东西，我会交还给你们。

可是，大爷。店长终于决定跟老人摊牌，万一您扭了腰或者抻了腿，我是说万一，算谁的呢？

什么算谁的？老人没有听懂。

您知道，现在的医院，花费很高的。一个月以前，有位大娘在超市滑倒，超市为她花掉一大笔治疗费。当然我不是说您不对，我们真的很感激您,我说的只是万一……这点活,我们不太忙的时候,五分钟足够了。

老人的表情,渐渐黯淡,甚至有那么一瞬,店长几乎从他的眼睛里看到泪水。老人搓着手,不再说话。他坐了很长时间,站起来,往回走。他走得很慢,似乎就那么一瞬,老人老去十年。

他的确是一位老人。身体佝偻,脚步蹒跚。

第二天,老人没有去。他甚至没有坚持每天两个小时的步行——那条马路上,见不到老人的身影。

第三天、第四天,老人仍然没有去。

整整三个多月,老人不见踪影。店长有些内疚,他想也许自己真的有些过分了吧?老人不过想帮他们一点儿忙,却被他残忍地拒绝。他突然想起父亲。闲不住的父亲在小区附近的山坡上开垦了一块荒地,种上玉米和高粱。每天他都会去看他的庄稼,回来便精力充沛、神采奕奕。偶尔赶上阴雨天,不能看望庄稼的父亲便显得精神委靡,无精打采……也许垃圾车之于老人,就像土地之于父亲吧?那不再是简单的劳动,而是一种支柱或者信仰吧?突然间,他很想再见见那位老人。

然而整整半年,老人没有出现。

突然某一天,一位年轻人找到店长。虽然他留着短发,虽然他比老人魁梧很多,但是店长一眼就认出来,他是老人的儿子。

半个月以前,我父亲去世了。年轻人说,他去世的时候,我刚刚从监狱里出来。是这样，我以前，做了些错事。我在监狱里，度过整整五年。

我被判刑以后，父亲感觉没脸见人。每天他都要步行两小时到离家很远的地方，他说他要锻炼，其实我知道，他只为躲避小区里那些熟识的邻居……

他看到停放在角落里的垃圾车，他想他完全可以为你们做些事情。因为这些事情，他很快乐。所以，当你们拒绝他的时候，那一刻，我想，他受到的打击，绝不会比我被抓走时受到的打击少……

于是他每天把自己关在屋子里。母亲去得早，他孑然一身。还好，他撑到我回来……他没有对我说这些事情，可是几天前，我突然发现他锁在抽屉里的日记。他将这件事情写在日记里……今天我来，只为感谢你们。

年轻人拿出一张日历。店长看到，那上面用钢笔圈划出一串日子。我不在父亲身边的这几年，只有这些日子，能够让父亲快乐和踏实。年轻人指着日历说。

当然，这些日子，便是老人为超市处理垃圾的日子——突然店长希望那些蓝色的圆圈能够一直延续下去。其实完全可以的，他想。

您父亲以前是做什么的？他问。

马路清洁工。年轻人说，当然，大家一般叫他扫大街的。

可是他为什么一定要帮助我们呢？店长说，这条马路上，并非只有我们一家超市……

因为他想赎罪。年轻人紧咬嘴唇，终于哽咽。因为五年前的一个深夜，我曾偷偷潜入你们店里……

（周海亮）

# 阳光的位置

星期天早上,我赖在被窝里,任阳光在窗帘上闪烁,也不想起来。朋友打电话约我逛街,这才起来洗脸梳头。一切停当准备出门,却被母亲拦住要求吃早餐。我当然不情愿,母亲却不管我的脸色,自顾絮叨:"豆浆里添了花生,电视上说可以补血,包子是你最喜欢的香菇芹菜馅儿……"唉,看来不吃是不行了!叹口气坐下来,边喝豆浆边忍受母亲的唠叨。

终于吃完,赶紧擦擦嘴出门。初冬的阳光像一床薄毯子,懒洋洋地盖在人的身上。忽然兴奋起来:是不是把被子抱出来晒一天?到了晚上,会有大朵大朵的阳光在我的被子上盛开,阳光的芬芳将我融化……

我抱出自己的被子,很自然地把它晾在绳子的左端——那里是阳光最好的位置。看着我的被子在阳光下惬意地享受日光浴,我觉得应该把母亲的被子也抱出来晾一下。抱出母亲那床盖了十多年的棉被,我随意把它晾在绳子的右面。看着我的新花被和母亲的被子在同一根绳子上并排轻轻摇荡,我甚至有一种小小的浅薄的骄傲:

看！我是一个多么体贴孝顺的好女儿！

等我拎着五六个大大小小的袋子回到家，已经是下午四点多了。母亲大概出去买晚上要吃的菜了，家里静悄悄的。忽然电话响了，是母亲："我在菜市场，今天的鱼好像不新鲜，买点羊肉？你怕冷，电视上说吃羊肉比较好……"照例一大堆的啰嗦。我不耐烦："妈，您还有事没？我累着呢！"母亲带着歉意："我出去时忘记收被子了，你去收了！"挂掉电话，我腹诽母亲：您怎么就不把被子收了再出去？买菜有什么要紧！但我还是拖着自己酸胀的腿下楼。唉，早知道下午还要去收，还不如不晒呢。

楼下的绳子上，我的被子摸上去热乎乎的，还留着太阳那温暖柔软的气息。可是——可是我的被子怎么跑到了右边？明明记得上午我把它晾在左面的，难道被子自己偷偷学会了"乾坤大挪移"？看到天上笑眯眯的太阳，恍然明白：中午时分太阳转换了位置，一定是母亲把我们的被子随着太阳也换了位置。一整天，我的被子理直气壮地在太阳下晒着，而旁边的阴影里，母亲那床黯淡的碎花被心甘情愿陪着它。

一瞬间，我的心无比难过。所谓母亲，大约就是那个根据孩子的喜好和需要安排一日三餐的人；是那个中午悄悄把孩子的被子挪到太阳下的人……在这个温暖的初冬的下午，我把脸埋进蓬松柔软的被子里，感受着如阳光般的母爱。

（陈晓辉）

## 母亲替我做母亲

那几年,我最怕遇见母亲怀抱婴儿的情景,那是一种超越切肤之痛的疼痛。

因为我千里迢迢远嫁他乡,母亲的心胸便横跨了地北和天南。她所承载的,已超出了一个平常母亲的负重。女儿出生六个月后,我要赶到安徽上班,受当时生活条件的限制,女儿不能带在身边,我不得不把她留在老家黑龙江。此后的一千六百多个日夜,母亲替我承担起了本应我承担的责任。

照片成为我了解女儿成长历程的窗口。"百日留影"很显然是在照相馆拍的,小家伙悠然地坐在椅子上,憨憨地笑着,眉宇间流动的快乐让我这个当妈的心里踏实了许多。猛然间,照片下面边沿部分一只粗糙的手跃入眼里,那是母亲的手!紧紧地扶着孩子的小腹,生怕她一不小心跌下去。我看不见母亲的脸,却可以知道她怎样抱着女儿小心翼翼地走到照相馆,可以知道她佝偻臃肿的身躯如何躲开摄影师的镜头,而做这一切的本该是我。

以后的日子,女儿的照片源源不断地寄来,有在家里拍的生照。有在影楼拍的特写。有母亲抱着的、有蹒跚学步的、有吃得满嘴流油的、有张牙舞爪仰天大笑的……"抚摸"着她胖胖的小腿，母亲如何把她养得如此健壮？欣赏着她楚楚的穿着，是母亲细密的针脚包裹得她有模有样。

我在他乡以极大的耐力坚持了四年多，不排除母亲的支持与理解。而母亲所展现的耐力和坚持却超出我太多太多。

女儿一日四餐，一向大大咧咧的母亲竟然也细致起来了，戴上老花镜，一句一句看着科学喂养手册，严格按照这个阶段婴儿的进食量喂奶粉。女儿刚刚学会走路时，不再听话地等着喂饭，而是无限炫耀地从这个房间蹿到那个房间，循环往复，似乎在宣告："我会直立行走了。"母亲便如影随形，弯腰屈背。一顿饭就是一次战斗，往往到最后，母亲吃的只有残羹剩饭了。女儿有一个时期喜欢在室外闲逛，看车、看人、看天地，月上中天还不愿进门，母亲上了一天的班后仍然乐此不疲地舍命陪"小人"。女儿夜半无来由地啼哭时，母亲抱着她在小台灯的光晕里来回踱步的剪影，是我不敢轻易去触摸的，我怕视线模糊了那珍贵的瞬间。

为减轻我的思儿之苦，母亲带着女儿来看我。黑龙江到安徽，四千里路途，一老一小在空气不流通的车厢里闷上两天，情形可想而知。女儿两岁大时，母亲带着女儿从哈尔滨上车后，试图把中铺换成下铺，没能成功，母亲只好携着女儿在中铺的上上下下中坚持到了终点。她们是怎样爬上爬下的，我从不敢去想。还有一次，我

**父母是最好的老师**

要赶到江苏的婆婆家过年,母亲为了大家都能够团聚,毅然决定前往江苏。我们是在上海碰头的。从上海到婆婆家还要乘五六个小时的汽车,由于晕车,我紧闭着眼睛昏昏欲睡。可同样晕车的母亲却在一路上与孩子说说笑笑,在肮脏的车厢里调节着快乐的心情。母亲是怎样若无其事地应对晕车的,我从不敢去想。

去年,母亲把女儿送回我身边,临走时,她带上了一叠女儿的照片,边向外走边说着:"这下我可算能轻快些了!"母亲说着,却抽噎起来。我知道母亲舍不得,就像当年我远嫁时一样。

我知道,我是天底下最幸运的女儿,因为能做母亲的女儿。

(陈晓辉)

# 我收到的最好的礼物

曾经听说过这样一句话：父母彼此相爱，就是留给孩子最好的礼物。四十多年来，我通过自己的切身感受，觉得这句话千真万确。

从我刚记事的时候开始，我就知道我的爸爸妈妈是非常恩爱的一对。他们亲密无间，是最好的伴侣，也是最好的生意搭档，有时候简直就像是一个人。他们经常让我们这些孩子们"发疯"，因为对付我们的时候，他们二人总是联成一体，坚不可摧。

当然，他们也有争吵，但是对于他们这种次数不多的争吵，我们做子女的压根就不会放在心上。因为在我的印象中，他们还从来没有过不能解决的分歧。然而我周围的许多小伙伴却远没有我们这样幸运，他们中的许多人都在父母无休止的争吵声中，提心吊胆地过日子。

爸爸妈妈结婚的时候，家里的日子并不富裕，但是经过顽强拼搏，没过几年他们就事业有成，我们家的日子就过得有滋有味。他们各自都有不足和缺点，可是一旦二人联起手来，就能够取长补短，把事情做得尽善尽美。

爸爸性格开朗，任何人见到他立马就能喜欢上他。他属于我们这里的公众人物，这个街区几乎每个人都知道他。尽管妈妈是那种腼腆、性格内向的人，可是和她接触，会让人有如沐春风的感觉。妈妈很精细，她经营图书，按照爸爸的说法，妈妈绝对是把经营的好手。

记得有一天吃晚饭的时候，我问爸爸挣多少钱。爸爸就说了一句："我不知道，你妈妈管钱。"我掉过脸来问妈妈："妈妈，爸爸说他不知道自己挣了多少钱，这是真的吗？"

"是的，你爸爸是不知道他到底挣多少钱，因为他从来就不问。"妈妈这样回答我。当时我们二个孩子都望着爸爸，想从他那里得到他为什么不问的答案。爸爸的解释很简单，他笑着对我们说："如果我们要买什么东西，她说能买得起，那就肯定能买得起，我根本就不需要问。"

我还是十几岁的时候，曾经告诉过妈妈，即使我以后长大结婚了，她仍然是我最爱的女人。听我说这样的话，妈妈立即换了一副严肃的表情对我说："不，到那个时候我不是你的最爱。等你结婚了，你的妻子就是你生命中最重要的人，当然也包括我和你爸爸。"

关于爱和婚姻，他们教给我的最重要的一课，就是如何在外人面前谈论自己的另一半。一般说来，每当丈夫或者妻子在外人面前谈论自己的另一半时，总是没有什么好听的话，这似乎成了惯例。尽管这个时候大家也许是在插科打诨，或者言不由衷，但种瓜得瓜种豆得豆，言语的作用不仅重要，而且能对他人产生影响。正面评价和负面评价的效果截然相反，这一点毋庸置疑。

这样的事情在我爸爸妈妈身上绝对不可能发生。爸爸在任何场合谈及妈妈的时候，总是不乏赞美之词，妈妈对爸爸也是同样如此。

记得我12岁那年，我们家铺地毯。带队施工的老板是一个酒囊饭袋式的家伙，到了中午吃饭的时候，我们为工人们送上了比萨饼。爸爸走过去和老板搭讪，谈论他们干的活儿。当时我就在拐角处，听到了他们谈话的全部内容。

这个老板对爸爸说："铺地毯比较奢侈，女人们总是想方设法让你花钱，对吧？"

爸爸回答："实话告诉你，如果她们曾经和你同甘共苦，有了钱以后尽可能地为她们做一些事情也是理所应当的。"

显然这不是那个老板爱听的话。他想继续寻找妻子们的种种不是来作为谈话的笑料，这对他来说也许已经习以为常。他接着又说："其实呀，这些做妻子的早就盘算过，最后总是要我们加倍偿还，是不是？"不出我所料，爸爸这样回答他："既然我们取得成功也与她们的支持密不可分，那么成功之后就应该尽可能地让她们高兴，而作为丈夫最大的快乐也莫过于此！"

两度败北后，这个老板仍然不甘心："不过她们的需求永无止境，巴不得多多益善，你说是不是这样？"

爸爸斩钉截铁地回答："她是我今生今世的最爱，只要能让她快乐，我愿意为她做任何事情！"

我差点笑出了声。我知道这位老板就想逼爸爸不再较真好给自己台阶下，比如只要爸爸说这样的话就行："嗯，差不多是那么回事吧……"可是他错了，我们的爸爸绝对不会那样说，一千年、一万年都不会那样说！

最后，这位老板只好摇头作罢，回去继续干活，也许他对爸爸的行为大惑不解。爸爸用他自身的实际行动教育了我如何爱护、尊重自己心爱的人，这比对我们说一千道一万都要管用。

爸爸和妈妈如今已经退休，二人在一起安度晚年，他们经常在一起散步、阅读书报、探望子女和孙子辈们。最近他们刚刚庆祝了他们结婚43周年的纪念日。

爸爸妈妈依然执手相爱，而且情更深、意更浓。这些年来，每当妈妈提醒我应当成家的时候，我总是这样回答她："妈妈，现在谈婚论嫁对我来说还为时过早。"可是妈妈却半真半假地告诉我"为时已晚"。在街上做面包师出身的爸爸，则喜欢用他那睿智的眼神望着我，然后说道："是呀，你要充分把握住时机。如果你能找到一个女孩结婚，哪怕她只及你妈妈一半，你都会终身幸福！"

（张维　编译）

# 父亲的家信

读大二那年，我突然失去了奋斗目标，对生活充满了失望。上课时我提不起精神，还学会了抽烟、喝酒、泡吧，并开始逃课。就在这时，我收到了父亲的一封家信。

儿子：

你都一年没回家了，我向你说说村里、家里这一年来发生的大事。

1月初，你那个患白血病的堂妹小芳没了，临死前，她还说，要到北京的大医院治疗，说等治好病，将来一定好好学习，考个好大学，她还说和你一起放牛时学了不少东西，想等你回家给她讲大学的事。如果还活着的话，这个学期她该读高二了。她去的时候，你婶婶一夜之间哭白了头。

2月，比你小两岁的邻居吴娃死了。你知道的，他长到十八岁身高还不到一米，硕大的头，眼睛还瞎了，医生说是先天性侏儒症兼脑瘤，他能活到今年不容易。那天他从桥上掉到河里去了，半天了才被人发现，那会儿我正在用马拖柴，她妈哭喊着要我倒掉吴娃肚子里的水，可没用了。他和小芳都埋在咱家后山上。

3月，我犁田的时候，不小心被犁戳伤了脚，伤筋动骨一百天，我一个多月走不了路，躺在床上，要你娘服侍。可把你娘累坏了，屋里屋外地忙，要不是你堂哥他们来帮忙，田地得荒了。

4月，我勉强能走路，但只能做点儿家务，地里的活全靠你娘，她一天到晚忙个不停，说今年一定要为你和你哥多攒些学费，她怕你们在学校受苦，还念叨你一向很节俭，不知道又瘦了没有。

5月，我的腿还没完全好，你奶奶又病了，我不得不瘸着腿喊村里的医生来给她输液。你奶奶一生病像小孩一样脆弱，她病了半个月，我就半个月没睡。

6月，村里遭了水灾，许多稻田冲毁了，多处村道塌方，咱家也有损失。

7月，我的腿好了，我和你堂哥替林场伐木，一天能赚二十块钱，天气开始变热了，上午下午还好点，晌午太热，有时我们只得躲在树下歇会儿，然后趁着下午的凉快，多砍点树。

8月，天很热了，我还在山上伐木。你娘和你伯母、堂嫂一起翻山越岭摘樟木子卖。清晨从家里出发，快到晚上才回来，每天摘一二十来斤，每斤六毛钱。你娘有风湿病，爬山太多就会患病，我劝她不要去摘樟木子，累一天也卖不了几个钱。她说，你兄弟俩好不容易从山窝窝考大学出去，不能因为做父母的没钱而耽误了，她还说，现在辛苦点，值！

9月，我和你娘又忙着收割家里的六亩稻谷，每天我们起早贪黑，怕下雨误了晒谷子的好日子。今年的收成还不错，粮食比往年多打了几担，这样可多养几头肥猪，卖些钱好给你兄弟俩寄过去。

现在是10月底了，这边天气突然变得很冷。昨天，我给你们兄弟俩各寄去三百元，去买件新棉衣。今天，你母亲拿出一件旧棉衣来缝补，她很多年没添新衣服了。

我给你写信的时候，你娘说，你和你哥今年一定得回来过年，到那时，家里会很热闹，她说到时给你俩做最好吃的红烧肉和酸辣鱼头……

那晚，我读完信，哭了。那之后，我开始疯狂地读书，以优异的成绩大学毕业后，我顺利地找到了工作。第一次拿到工资时，我给父母买了两件新棉衣。这封三年前的家信，我一直珍藏着，它给了我生活的勇气。

（肖和汉）

## 那些轻描淡写的背后

她曾经伏在妈妈的怀里天真地问:"你生我的时候很疼吗?"妈妈摸着她的额头说:"你很乖,进了产房没多久,就生出来了。"

可是长大后,爸爸看着她说:"当时你妈的痛一次次加剧,她说五脏六腑都拧在一起了。那个时候她恨不得有一把刀把它剖开,剧痛消耗掉了她所有的力气。最后她朝着医生大喊,开刀吧,真的生不出来了。医生告诉她现在开刀也来不及了,只能靠自己,谁都帮不上忙,而且拖得越久宝宝就越危险。这时她整个人都虚脱了,极度痛苦,但一想到你会有危险,不知哪儿来的力气,一次次用劲,你就生出来了。她说你的第一声清脆的哭声,是她这辈子所听过的最美妙的声音!"

据说医生把痛分为十级,第一级是被蚊子咬的痛,第二级是打麻药后准备做手术的痛,第三级是被小刀划伤的痛。依次是被人用巴掌打耳光的痛、被门夹了一下的痛、肚子痛、神经痛、手指被割断的痛、阑尾炎等内脏痛。而最后第十级,就是女人生孩子的痛。妈妈要多么勇敢,才能顶住这种非常的痛。可是这种痛,却被妈妈的"当妈的都要经历的"就一句带过了。

她看着妈妈熟练地在厨房煎鱼、煲汤，忍不住大赞妈妈的厨艺。妈妈用汤勺尝了一下味道，淡淡说了句："当妈的都会的！"小舅舅却告诉她："当年你妈妈连菜刀都不会拿，去菜市场还怕人家杀鱼。"

她帮妈妈梳头，发现了一根新生的白发，她要帮妈妈拔掉，妈妈摇头说："当妈的有白发很正常！"小姨在一旁插嘴："当初你可不是这么想的，还记得你刚生完宝宝那一年发现了第一根白发，还边哭边让我拔掉，说什么这么快就要告别少女时代了！"

妈妈也曾经是个女孩，她怕黑、怕虫子，也会撒娇，跟爸爸说中药很苦。妈妈，从一个少女，到嫁作他人妇，最后成为母亲那一刻，就要丢掉过去的娇羞和柔弱。在女儿面前，保持永远的坚强，不会一惊一乍。

她最近给妈妈打电话，总是没聊几句就匆匆挂了，妈妈对她说："我在跟你小姨买衣服呢，别打扰我们！"那天，她又给妈妈打电话，明明听到妈妈的声音很虚弱，可是妈妈却说她在跟小姨逛街。最后小姨忍不住抢过电话："你妈在医院呢，还不赶紧回来看看。"电话那头，她分明听到母亲在嗔怪着小姨："又没多大的事情，当妈的怎么能让孩子担心。"

她总以为妈妈很坚强，其实在她不知道的背后，妈妈对她淡化了分娩的痛，悄悄地抹去岁月催人老的无奈之泪，又隐瞒起病情只为了不让女儿担心。那些轻描淡写的生老病死的背后，是妈妈受过的怕、掉过的泪。然而妈妈却不曾跟女儿提起她的痛、她的怕，只是在女儿问起的时候，轻描淡写地回答。

　　一颗妈妈的心，是不是受过上帝的精心雕琢，所以才如此晶莹剔透，让人感动呢？

（清　晨）

## 勿以恶小而为之

那天，我一人在店内开门迎客。因店面较小，又做的是孩子消费的零杂品生意，便在门外也摆了一个摊子，以扩展一下空间。当然，这便需要我在招呼顾客时得内外兼顾。

开门不久，顾客接踵而至——或在店内货架上选购，或在店外摊子上挑拣；我基本以眼观六路耳听八方之势，忙而不乱地应付着他们。

当我正在里面被几个孩子围住而忙于打点时，门外摊子前来了一位年轻的母亲和一个约莫八九岁的小男孩。我一边和身旁的那几个孩子磨嘴皮，一边用眼睛的余光留意着母子俩的举动。小男孩在摊子上挑选着，而后将他看中的东西，一件件放到母亲手里拿着。忽然，小男孩悄悄往自己的裤兜里塞进了一件5毛钱的小玩具——我的心中登时一震，却又一时未作反应；只是继续不动声色地暗自视之，静观其变！

这时，我瞥见那位母亲原本风轻云淡的脸上立刻罩上了一层阴云。显然，她也发现了小男孩的不轨动作，对小男孩怒目而视。小

**父母**是最好的老师

男孩红了脸,呆立不动;一只手却捂住裤兜,不肯松开。母亲谨慎地朝我这边斜睨了几眼,似乎怕我有所察觉;并凑近小男孩耳边,用极低的声音说了几句什么。小男孩终于松了手,慢慢从裤兜里摸出了那件小玩具,再轻轻地放回到面前的摊子上。母亲脸上这才绽开了一丝笑容。这一切细节,被我窥视得真真切切。

付完钱后,小男孩与母亲一起相携着走向外面。我看见母亲正对儿子进行着苦口婆心的教诲⋯⋯

俗话说"一个鸡蛋吃不饱,一个名声背到老",更有古训"勿以善小而不为,勿以恶小而为之"。做人还是一生清白好。

(向墅平)

## 交往是一幅留白的画

有一次，我跟朋友闹翻了天。一直认为我们亲密无间、铁板一块，没想到因为一件小事竟然把关系闹僵了，多年的友谊到了山穷水尽的边沿，我因此伤心、不解。

当泥瓦匠的父亲见我闷闷不乐，问其故，我如实相告。他听我诉说完之后，就喊我到院子南边。那里有一堆块块如拳头般大小的石头和一堆摆放整齐的砖头。我就纳闷，父亲带我来这里到底要干什么？

就在我百思不得其解时，父亲对我说，你看，这些石头之间有不少空隙。此时我在心里笑他愚，这谁不知道，还用问吗？

接着，父亲又用砖头砌了一道矮墙，他们之间有空隙吗？父亲又问我。几乎没有。我答道。

几天后，一场暴雨闯进我家院子，那堆石头和那道矮墙当然也在劫难逃。

雨停后，父亲又喊我去院子南边。父亲问我看到了什么，我说，那矮墙倒了，而那堆石头却毫发无损，都镇静自若地"蹲"在那里。

父亲这样做，我仍然不解其意。

父亲见我一脸迷惑不解的样子，便幽幽地打开了他的话匣子：你看，有空隙不是坏事吧。那堆碎石因为有空隙，当雨水来时，雨水就顺着那些空隙流走了，因此安然无恙；而那道矮墙由于没有空隙，当雨水来时，雨水就只能冲击砖头，时间一长，那矮墙就会开始晃悠直至倒塌。

此时，我恍然大悟。

父亲接着说，人的交往也是这样，要留有空隙。如果彼此亲密无间、没有空隙，把彼此当做铁板一块，那么一旦发生了不快、矛盾，就会很不习惯，因此会产生误解甚至仇恨，从而导致彼此关系破裂；如果彼此间留有空隙，那么就可以在这些空隙里加上理解、宽容、体贴之类，哪怕发生了不快、矛盾，也能把它们自行解决掉，这样就避免了冲突或破裂。

我突然想起了绘画中的留白。交往不正是一幅留白的画吗？这样的画，避免了败笔，给人以更多的美感。

（韩　青）

## 善良的种子早点儿种

儿子是独苗，被爷爷视为掌上明珠，而事实上，这个富裕的家庭并没有让他变得更懂事。

那天晚上，我烧好开水，灌进暖瓶里。还剩一点儿，不想浪费，就倒进他的杯子里了。没想到水太烫了，他的杯子裂开了，滚烫的开水顺着桌面滴到我的脚背上。我抬起头正想说什么，就见儿子跳起脚大叫："我最喜欢的杯子啊！"是的，那是他最心爱的东西，可是我的脚呢？妈妈的脚还没有杯子重要吗？一瞬间，我感慨万千。

又一次，在广场散步时，一条可爱的小狗挡住了儿子的去路。他生气地一脚踢在小狗身上，说："好狗不挡道。"那一瞬间，我看到了他冷漠的内心世界。

扪心自问，不错，儿子的学习成绩很好。但是，学习好，就是一个好孩子吗？不是的。于学业来讲，人品更重要。我宁可要一个普通的善良的儿子，也不要一个学习好却极其自私、冷漠的儿子。我做了深刻的自我反省。是的，我疏于引导，让他变成这样。作为家长，给孩子最好的生活，那是远远不够的，精神及心理的营养更重要。

我开始有意识地引导他注重精神的充实与美好品德的培养。可是，当我问他："白雪公主的故事你看过了吗？"他不耐烦地答道："看过无数遍了。"我问他："那么，猎人本可以杀死她，为什么却在密林深处放了她？还有，当她走投无路时，七个小矮人为什么收留了她？"他答："不知道。"我说："是因为善良。因为他们都有一颗善良的心，肯为别人考虑，希望别人和自己一样快乐地生活。"我问他："为什么海的女儿最终跳进大海，成全了王子和别人的爱情，而心甘情愿变成了泡沫？"他答："因为她傻呗！"我说："不是的，是因为她善良，有一颗祝福别人的善良的心。"

我给儿子讲了一个故事。七岁的安娜很不幸，因为生病，化疗使她那头漂亮的金发掉光了。出院以后，妈妈给她买了顶帽子，让她戴着帽子去上学。但一想到同学们都没戴帽子，而只有她一个人戴帽子，反而显得更抢眼，她忐忑不安。班主任知道这件事后，对全班同学说："从下周开始，每个同学必须戴一顶自己最喜爱的帽子来上学。"那天清晨，安娜走进校园，摸了摸自己的帽子，她很慌。然而走进教室，她惊奇地发现，班上每一个同学都戴了一顶帽子，五颜六色，蔚为壮观，在这一片晃动的帽子中，她开心地笑了。我对儿子说，人世间，凡是有善良和爱的光芒普照的地方，就会让人感受到心灵的温暖，会让人对未来充满希望。

儿子仔细地听完这个故事，说："如果安娜在我们学校上学，我也会为了她的快乐戴上一顶帽子的。"我说："谁说善良没有用？善良可以制造快乐、创造奇迹，而又不需要你花多大的力气。就像这个故事，做一个善良的人其实很简单，就是戴上一顶帽子而已。"儿子重重地点点头，说："我也要做一个善良的人。"我欣喜地看到，一颗善良的种子，悄悄地在儿子心里萌芽、生长。播种善良，我才是个称职的家长。

（夏爱华）

# 错 位

同事小刘的儿子，是个小学生。放学后，经常到我们办公室来，一边做作业，一边等爸爸下班。像所有的父亲一样，小刘对这个宝贝儿子寄予了无限的希望。小家伙很聪明，也很调皮，所以我们经常能听到小刘在办公室里大声教育儿子的声音。

另一位同事老赵，儿子已经上大学了，读的是一所重点大学的热门专业。儿子是老赵的骄傲，虽然从未在单位见过，但从老赵的口中，我们还是听说了他的许多故事：小伙子从小就听话，爱学习，成绩一直名列前茅。老赵的儿子，是我们很多同事教育孩子的范本。儿子到外地上大学后，老赵经常在办公室里给儿子打电话，嘘寒问暖，反复叮咛。

每次听到小刘和老赵，一个现场，一个通过电话在教育儿子，我们都会发出由衷地感慨，真是可怜天下父母心。听多了，恍然发现一个有趣的现象，这一老一少对于儿子的教育和嘱咐，竟然如此不同，如此颠倒。

小刘经常教育他的小学生儿子：一定要从小树立远大理想，有理想有抱负的男人才会有大出息。有一次，几个女同事逗小家伙玩，问他长大之后想干什么？小家伙歪着脑袋认真地说，长大之后，我就想跟学校门口的王老伯一样，开一家小卖部，一边卖东西，一边上网玩游戏，多好呀。小家伙的话，恰好被小刘听到，小刘气得脸色铁青，当着众人的面，将儿子骂了个狗血淋头：你的远大理想呢？你的人生目标呢？一连串的诘问，将小家伙吓得面无血色，赶紧吞吞吐吐地说，我说着玩的，我的理想还是考上名牌大学，做一名科学家，为人类造福。

从来没有听到老赵在电话里和儿子谈理想、谈人生，倒是经常听到老赵在电话里，忧心忡忡地和他的大学生儿子分析就业形势。老赵一遍遍地叮嘱儿子，一定要实际点儿，不要好高骛远。大学一毕业，赶紧参加公务员考试。老赵时常挂在嘴边的一句话是：一辈子不就图个安稳吗，别的都是假的。有个安稳的工作、体面的单位、不错的收入，比什么都强。

每天儿子快放学的时候，小刘都会去学校接他，学校离我们单位并不远，但小刘不放心儿子一个人穿过马路，也舍不得儿子自己背那么重的书包。每次都是小刘将儿子的书包背在身上，有时候，胳膊上还搭着儿子脱下来的衣服。到了办公室后，小刘给儿子安排的唯一一件事情，就是做作业。在小刘看来，没有什么比学习更重要的事情了。他经常苦口婆心地对儿子说，只有成绩好，才能上好中学，上了好中学才能读好大学，好大学出来才能找到好工作。除了学习之外，什么事情你都不用管。下班了，也是小刘将儿子的书本收好。然后，小刘背上儿子的书包，父子俩一起回家。

老赵在电话里一遍遍地叮嘱儿子，天冷了，要记得自己加衣服。羽绒服的纽扣掉了？那送到裁缝店请裁缝师傅帮你钉一下。师傅不肯接活？那、那你寄回来，让你妈妈帮你缝好再寄回去。要不，干脆你再买件新的吧。天气干燥，记得多吃水果，吃苹果记得要削皮，有农药残留。还不会削苹果啊？说到这里，老赵沉默了一会儿，轻轻叹了口气，嗔怪地对大学生儿子说，你都二十多岁了，这些小事也该学着自己做做了。是啊是啊，都怪你妈，小时候什么事情都舍不得让你做，害得你现在什么活都干不了。还有啊，别老躺在床上，只晓得看书了。有空的时候，你也打打球，锻炼锻炼身体。别小小年纪，看起来比你老爸还老气横秋。挂掉儿子的电话，老赵会重重地叹口气，现在的年轻人啊，连照顾自己都不会，真让人不省心啊。

小刘经常教育小学生儿子，不许玩，少壮不努力，老大徒伤悲；老赵经常嘱咐大学生儿子，要学会和同学相处，多结交几个朋友。小刘经常教育儿子，男人要胸怀世界，不拘小节，不为小事所困，儿子似懂非懂；老赵经常嘱咐儿子，西瓜皮不要直接从宿舍楼的窗户扔下去，过马路时记得走人行道，不能闯红灯，儿子漫不经心地哦一声……

小刘经常教育小学生儿子的，全是大道理、大理想、大目标，而老赵经常嘱咐大学生儿子的，全是小道理、小梦想、小细节。小刘和老赵的教育，本没有错，错就错在，在我们本该给孩子自由、快乐、童趣的时候，我们灌输、包办、扭曲；而当有一天孩子长大成人，理应挑起人生和社会的重担时，我们才发现，他们甚至连最基本的生活技能和素养都还十分欠缺。于是，我们不得不像老赵一样，给已经长大成人的孩子补课。所以，该扶的时候，扶一把；该放的时候，就果断地放手。这样，人生才可能不因错位而遗憾。

（麦　父）

# 我的摆渡人

## 七岁时，他为我掌舵

十年前，我七岁，尚且稚嫩。他把我当作手心里的宝，他为我的将来画了一片耀眼的晴空，梦想的泡泡就漂浮在我小小的脑袋里。我为梦想的神奇而欢喜雀跃，他也跟着高兴，脸颊旁现出迷人的酒窝。

我学骑单车摔破了皮，他心疼，帮我轻轻地吹拭伤口；他哄我，他哽咽着夸我是个勇敢的好孩子。长大以后，越发怀念少年时候的勇敢，怀念骑单车摔多痛也笑着哭的情景，因为有他在我身旁，替我平衡少年时的害怕与倔强，让我在充满安全感的环境中茁壮成长。

我记得，三十出头的他一头短发精神抖擞，有一双宽厚而温暖的手，有一根硬朗而挺直的脊梁——人格的脊梁，让我仰望，让我学习。但我也曾惧怕他刮风下雪的凌厉眼神，谁在挨打的时候都会十分害怕，是不是？而不服气的我总是强忍住痛默默流泪，甚至在心里面反抗：你不是我爸爸！然而后来我开始发觉，没有他的严厉管教，没有他的谆谆教诲，我的羽翼可能还未丰满就已经夭折。

打是亲骂是爱，后来的我，终于相信。

## 十二岁时，他递一只桨与我

五年前，我上了初中，读的是寄宿学校。给他打电话，话未出口，他就已经朝我猛烈地"开炮"，嘘寒问暖不停，像是一番精心预谋过的自言自语，让缄默的我心里异常温暖。内心有千万种情绪，有亿万件心事想跟他倾诉，可是每每见了面，总是遭遇三言两语甚至相顾无言的窘境。他近来过得如何？脚还疼吗？但彼此都羞于表达那一种细腻而微妙的情感。

他要出去打工，我们经常远隔千山万水。他对我放心又替我担心。我只能从他指尖淡淡的烟味体会到父爱无言的味道。

在县里面的演讲比赛获了奖，把奖状拿给他看，他笑时竟然已经看不清酒窝，只有硬邦邦的两腮在抖动，生涩而艰难——或许他很久未笑了。他到处宣扬，生怕别人不知道似的，我把它收好，他却来气，像我当初因为得不到他手里的糖而撒娇那般，这时候我才意识到，他，开始老了。

梦想的翅膀也曾被无情地挫伤。中考失手，尚处在丧父之痛的他放言不再管我，当时我一边扒着饭一边吞咽簌簌而下的泪水，我知道，爷爷的去世已经深深的给他的心捅了一刀，如今我又让他失望,是我的错。

但终究还是他,佝偻着背,拿出血汗钱替我办好入学手续。

### 十七岁时,他望着我远行

今年清明节回家,和他一起上山祭祖,山上的草已经长得很高,他依旧走在我前头,挥舞镰刀替我开路,却差点滑倒。我在背后用力扶住他,发觉他气喘吁吁,已经汗流浃背,于是从他手中接过镰刀,第一次为他披荆斩棘。我又一次深刻地意识到,他,真的老了。

印象中,他曾无数次充当我的带路人,无论是在爬坡的路上还是在成长的路上,他都在我前头挑起苦难,让我在他的庇护下一路安稳走来。

他以前不懂我,可如今,变成我不懂他。当他因为我搀扶他一事而说得眼睛通红时,我不懂他为何变得如此容易感动,不懂他为何背着我偷偷流泪……

那晚他喝了不少酒,酒后开始吐,我默默给他端来盆,烧水给他擦脸,他喃喃自语:儿子呀,儿呀……

我的泪忽然不可抑制地落下来……

我们同在一条船上,他是我的父亲,他曾为我摆渡,他是我下半生的守护。

(卜宗晖)

# 让你的天使看到"天使在擦窗"

黑沉沉的半夜,一个七岁的小女孩被一阵奇怪的声音惊醒。她睁开眼,看到窗户上趴着一个黑影,那黑影的手臂在一伸一缩,好像是在擦玻璃。

小女孩屏住呼吸,轻轻地溜进母亲的房间对母亲说:"妈妈,我们家窗户上有个黑影,手臂还一动一动的,我害怕。"母亲立刻意识到是有小偷光临,她立刻打开屋里的电灯吓走小偷,然后把小女孩搂在怀里告诉她:"宝贝,那是天使在擦窗!"小女孩听了高兴地说:"我知道了,是天使知道妈妈没有时间擦窗户,所以来帮助妈妈的。"母亲点点头,吻了吻她的额头。小女孩微笑着甜甜地在妈妈的怀里睡熟了。

几十年后,这个小女孩成了一位著名的女作家,她就是苏·蒙克·基德,美国集经典与畅销于一身的当代女作家。她的小说《蜜蜂的秘密生活》和《美人鱼椅》长时间高居《纽约时报》畅销书榜首。

一个上小学的小男孩,放学回到家来对母亲哭诉:"妈妈,我不上学了，只要我开口说话，别人就笑话我！"母亲却并没有跟着他流泪，而是摸着他的头说："不要哭，那是因为你太聪明了，没有任何一个人的舌头可以跟得上你这样聪明的脑袋瓜，你说话不大流利，是因为你的大脑比你的嘴转得快得多！"

小男孩望着母亲，破涕为笑。

二十多年后，他获得了伊利诺伊大学工程博士学位。45岁时，他成为美国通用电气公司有史以来最年轻的董事长和首席执行官。

他就是杰克·韦尔奇。

韦尔奇也搞不清楚，自己怎么从小就患了口吃症，而且很难矫正。小时候经常遭到别人的嘲笑，这给他幼小的心灵蒙上了厚厚的阴影。学校规定，每周的星期五天主教徒不准吃肉，所以韦尔奇就经常点一份吞拿鱼三明治，但每次学校餐厅的服务员都会给他拿来两份吞拿鱼三明治。那是因为韦尔奇总是对服务生说："tu--tunasandwiches"，而服务生总是听成"two-tunasandwiches"。韦尔奇也不再辩解，只是默默地吃下两份吞拿鱼三明治。

原本，这样的挫折与沮丧久而久之极有可能造成一个人的沉沦与颓废，但幸运的是，韦尔奇充分相信了母亲的话："你有点口吃，那是因为你的大脑比你的嘴转得快得多！"口吃没有阻碍他前进的脚步，也没有影响他的自信，他也从未对口吃有过丝毫的忧虑。

相反，所有人都更加地钦佩他敬重他——有着口吃缺陷的韦尔奇，竟然能够取得如此令人瞠目的辉煌成就！

韦尔奇的朋友、美国广播公司总裁迈克尔甚至由衷地说："杰克，你真行！我都恨不得自己也口吃！"

每一个孩子都是一个天使。而当他们的人生天空上有一团黑云遮住阳光时，请对他们说：不要害怕，那是一个黑衣天使在帮我们擦天空的窗户，等他擦好之后，我们的阳光就会更灿烂！

（纳兰泽芸）

## 沉甸甸的母爱

假日，我去参加一对新人的婚礼。等到新郎发言时，他讲了一个故事，一个关于他和母亲的故事。

他说，从记事起，他就一直和母亲相依为命。为了养活他，母亲拾过破烂，在建筑队做过苦力，用柔弱的肩膀供他读书，并使他有了今天的生活。母亲的苦与累，一直像根针，扎在他的心里，疼得让他时时不敢忘记。母亲虽然很苦很累，但在记忆中，母亲即使再苦再累，只要回家一看到他，母亲所有的苦与累，都会烟消云散。他说，那些苦日子，虽然苦得让人无法忍受，但因为有了相依为命的母亲，他还是备感快乐和幸福的。

他说，他八岁那年夏天，得了一种怪病，六天七夜高烧不退。村里的医生说，怕是没救了，除非送到县城的医院碰碰运气。母亲一听，立即背起他，向七十多里外的县城医院赶。那天午后，天气特别炎热，母亲背着他，翻山越岭，艰难地走向了通往县城的公路。他伏在母亲的背上，因为高烧，他昏昏欲睡，他的耳边，只是朦朦胧胧传来母亲的喘气声。

母亲背着他，终于到了公路边。母亲把他放在路边的一个阴凉处，让他躺着，自己则站在公路边，只要一看到汽车过来，她就拼命挥手。可几辆车过去了，没有一辆车愿意停下来。

昏昏欲睡中，他睁开双眼，突然发现母亲不知何时已站到了公路的中央，她不停地用力挥舞着红头巾，有好几辆车从她身边疾驰而过时，差点把她撞个正着。可母亲毫不在意，仍不顾生命危险，不停地向过往车辆挥舞着双手。

终于，他的耳边传来了一阵急刹车的刺耳声。接着，他看见一个壮实的汉子下了车，嘴里骂骂咧咧，嚷着："找死啊？神经病！"

母亲用手指了指躺在地上的他，哭着解释她拦车的原因。司机犹豫了一下，勉强答应了。母亲转身抱起奄奄一息的他，上了车，他被送进了县城的医院。

他的运气不错，在医院里，他活了过来。

从此，那个炎热的夏天，母亲站在公路的中央拼命挥舞着红头巾的身影，时时警醒着他，并让他一刻也不敢忘记。

他讲完母亲的故事后，人群传来一片唏嘘声。新娘也抹着眼泪，和新郎一道，对着特意从山沟里赶来参加婚礼的母亲长跪不起。母亲的眼角也禁不住泛起了泪花。

席间，一同参加婚礼的人们对我说，其实，他和他母亲的故事，还有一个很重要的情节，他没有说，那就是，他并不是这位母亲亲生的，他是一名弃婴——他是这位母亲从街头抱回家的。

他为什么不说呢？我猜想，他一定是认为，这个女人把他抱回家，能够和他相依为命，把他抚养长大，在他心里，他早把她当做自己伟大的母亲了。

是的，她是他伟大的母亲，这份沉甸甸的母爱，早已让他刻骨铭心。

（钱永广）

## 妈妈的咒语最灵验

幽暗的树林里,男孩遇到了一个女巫,女巫用长着尖尖指甲的手指着他尖声喊:"不要动!我要把你变成笨蛋!"男孩不相信女巫的魔力,用劲"呸"了一声,扭身飞快地跑开了。

男孩气喘吁吁地回到家,一进门就跌了个趔趄,妈妈看了一眼儿子,脱口斥责道:"看你这样子,天生是个笨蛋!"

此语一出,立即征服了男孩的心、聪敏灵巧等品性快速消失,他在瞬间呆傻了下来。从此,一个笨蛋出现在漫长的生活里。因为,这是妈妈发出的咒语,比女巫的咒语灵验十倍,男孩不能抵挡,无法逃脱。

(寇士奇)

# 共同的牵挂

这是一个夜晚,这个夜晚的城市跟平时没什么两样,到处灯火辉煌,到处人声鼎沸,车来车往。他刚刚吃过晚饭,坐在沙发上看电视,正看得起劲的时候,突然他发现整个屋子剧烈地摇晃。他大吃一惊:不好,地震了!他顾不得关掉电视,立即夺门而逃。

所有的人都发现楼房在摇晃,所有的人都在第一时间夺门而逃。一时之间,楼道里显得有些拥挤。有人很害怕、很紧张,大声尖叫起来,弄得人心惶惶。小孩子更是惊恐万状,哭成一片。老人们走不快,大家只得慢下脚步。他一边下楼,一边掏出手机翻出老家的电话拨过去。

很快,电话就通了,可是手机里传来的却是:"您所拨打的电话正在通话中,请稍后再拨!"他很失望,只好挂断电话。

他终于来到了楼下。小区的草坪上,密密麻麻满是惊魂未定的人,大家你一句我一言,诉说着心中的恐慌,他再一次拨打老家的电话,这一次,手机里传来的依然是:"您所拨打的电话正在通话中,请稍后再拨!"

他急得团团转，怎么会这样？他多想跟家里人说上一句话，可这电话却忙，他只得挂断电话。

还没等上十秒钟，他又拨打老家的电话，手机里传来的依然是："您所拨打的电话正在通话中，请稍后再拨！"

怎么会这样？他挂断电话。他急得团团转，满头大汗，心怦怦直跳。电话还得打，直到有人接电话为止。

他正准备将电话再拨过去，却突然来了电话，他赶紧接电话："孩子，你的电话终于通了，刚才我打电话给你，总是说正在通话中……"那是母亲的声音，母亲显得万分惊喜——她等这一刻已经很久了。

他笑了，原来刚才老家的电话一直打不通，一直在通话中，那是因为母亲也在给他打电话。原来，在灾难来临时，他和母亲都想给对方打电话，询问对方的安危。在这一刻，他们仅仅需要听到对方的声音，哪怕只是一个字、一个词，于他们而言，也是幸福的。因为，儿子还活着，母亲还活着，还有什么能在此刻比对方的话重要。血脉相连，血浓于水，他们是母子，对方的安危，就是他们共同的牵挂。

（凤　凰）

## 你是我的生命

一个印度男孩被父母送到住宿学校。此前,他是班里最聪明的,每次比赛都名列前茅。但离家住进住宿学校,这个孩子就变了,成绩开始下滑,不合群,总是自己独处,最糟糕时甚至想到过自杀,一切都是因为他感到自己失去价值并且没人爱他。

父母开始为他担心,不知道他究竟为何会这样,所以爸爸决定到学校和他谈谈。

他们坐在学校附近的湖畔,爸爸开始和他聊起班级、老师和体育,然后爸爸说:"孩子,你知道我为什么今天到这儿来吗?"

男孩回答:"检查我的成绩?"

"不,不,"爸爸说,"我来是要告诉你,对于我来说你是最重要的人。我要看到你快乐,并不在乎你的成绩。我在乎的是你,是你的幸福。你是我的全部。"

这番话使孩子热泪盈眶。他拥抱了爸爸,他们长时间相对无语。

孩子知道了世上有人深深地爱着他,对于这个人来说他意味着整个世界。今天,这个读大学的年轻人是班级里最出色的,没有人再看到过他悲伤。

我们经常低估一次触摸、一个微笑、一句善意的话、一只倾听的耳朵、一句衷心的夸奖或一个微不足道的爱抚，而这一切却都有扭转乾坤的力量。

（沈畔阳　编译）

## 背向大地的爱

父亲带着七岁的女儿去十里之外的村子走亲戚。

天越来越黑，仿佛真正的黑夜来临。闪电如利箭一样一次又一次刺穿黑暗，雷声伴着狂风隆隆滚过天际，然后像炸弹一样在头顶炸裂。

女儿瑟缩着小小的身子：爸爸，我怕！他将女儿紧搂在胸前：丹丹不怕，把头埋进爸爸的衣服里，闭上眼睛睡觉吧。他在对女儿说话的同时，脚下不停地狂奔。

一道雪亮的闪电划过大地，他突然听到一种奇怪的巨大呼啸声由远而近向自己的方向逼来。这声音像几十台拖拉机同时爬坡发出的吼声，又像无数条响尾蛇同时发出的嘶嘶声——龙卷风！

他大骇，他知道龙卷风的厉害，地上的东西被吸上天空，人和牲畜都会被摔死！

他本能地想要加快脚步。但一刹那间，他觉得脚下陡然失去了支撑，身子被一股巨大的力量吸得轻飘飘的，他知道此刻他和女儿都被吸到了高空，几分钟后就要被抛到九霄云外，然后粉身碎骨！

爸爸，我怕！紧紧贴着父亲胸膛的女儿颤身叫道。

他感觉自己像一个面团一样被一只巨手揉来揉去，五脏六腑都翻腾起来。他什么也不敢想，只是尽力地躬身将女儿更紧地搂住。不知道过了多少时候，他感觉这只巨手的力量渐渐小了，身体也开始慢慢下降，他知道龙卷风风力渐小，开始将吸入的物体抛向地面了。女儿，我的女儿，他心里痛苦如焚。

突然，他感觉自己的背撞到了什么东西，这个东西以一种强大的力量勒过他的衣服，勒进他的背——电缆！他心里滚过一阵狂喜。一瞬间，他一手搂紧女儿，另一只手拼尽力气死死抓住那根电缆！

他就这样单手悬吊支持着父女两人的重量。天慢慢地变亮了，狂风也小了。渐渐地，他感到手臂发软打颤，被深勒过的后背正在滴答流血，不等血滴进土地，就被吹散在风中。最要命的是，女儿睡着了，睡着后的女儿会不自觉地放松抱紧父亲的双手！他不敢再往下想。

女儿的手一点点松开他的身体。不能再犹豫了，他看到脚底十多米的地方是一块旱地，他搂紧女儿，紧抓电缆的那只手一松，他就成了一个背朝大地面向天空的自由落体。此刻怀里的女儿正在睡梦中甜甜呓语着，他笑了。

父亲保住了性命，却多处骨折并重度脑震荡，而女儿，纤毫无伤，睡醒了还天真地对父亲说，爸爸，我看到了好多好多可爱的小鸟，真美呀。

有人问他,你知道不知道,你这次是侥幸从死神手里逃掉,因为这样背对地面从高空摔下,极有可能丢掉性命。他憨憨地说,我知道,但如果我不这样背对地面,我的女儿就可能丢掉性命。

父亲这句简单朴实的话,七岁的女儿现在还不懂,等她长大了,她会懂得,父亲对她的爱,比父亲背对的大地,还要深沉。

(嘉 芮)

# 如何指导孩子做家务

从小让孩子做些力所能及的家务，可以使孩子从小养成热爱劳动和尊重别人劳动成果的良好习惯；让孩子持之以恒地分担些必要的家务，还可以磨炼孩子的意志，明白自己的责任。"儿童的智慧在手指尖上"，"手是脑的老师"。家务劳动需要孩子亲自动手，而动手操作可以使孩子更聪明，会促使其智力得到更好的发展。可见，如何指导孩子家务，提高孩子做家务的积极性和培养孩子持之以恒的耐心，是颇值得家长思量的。

一、给孩子安排家务要符合孩子的行为能力，切忌好高骛远。如3岁前的孩子，主要是要他完成些自我服务性的劳动。比如：自己吃饭、穿衣，玩过的玩具让他自己收捡，放进玩具柜等。随着孩子年龄的增长，家务的领域可以逐步扩展，劳动量也可以逐渐加重。

二、家长要言传身教。指导年龄偏低的孩子做家务，家长切忌下达抽象、不明确的指令，而应对孩子进行具体的指导。如让孩子把玩具放进玩具柜，最好是告诉孩子：坦克、战车、飞机放一格，小狗、小兔、小羊放另一格。这样，孩子就能逐渐懂得玩具要分类摆放，并且能逐渐理解到这种分类摆放的理由，从而把这种"分类摆放"引申到其他的方面。

三、不要怕孩子帮倒忙，打击孩子的积极性。作为家长，大凡不会有意去打击孩子的这种积极性；但生活中，有些家长因孩子的"捣乱"而缺乏耐心，甚至变得忍无可忍，而对孩子吆喝着"去！一边去。"的现象却比比皆是，客观上打击了孩子做家务的积极性。如妈妈正在厨房择菜，孩子一时兴起跑过来给妈妈帮忙；当妈妈看到孩子弄得满地都是的残枝败叶，感到孩子这哪是在帮忙，纯粹是在添乱，从而拒绝孩子的参与。作为家长，面对这种情况，要赋予耐心，能容忍孩子帮倒忙，而且对孩子的"添乱"给予鼓励，并不厌其烦地加以具体的指导。只有这样，孩子这种"雅兴"才不至于被消灭在萌芽状态。

四、加强孩子的责任感，锻炼孩子的耐心。儿童的心理特点，决定了孩子做什么事往往都是凭一时的兴趣，难以持之以恒。因而有必要给孩子下达某些指令性的指标，如收捡玩具、整理书包等。如果孩子没做到，决不能迁就，必要时给孩子一定的惩罚，让孩子明白他也有需要担负的责任。

五、不要把家务作为惩罚孩子的手段。有些家长平时不怎么注意引导孩子学做家务，而在孩子犯了错误时，却把做家务当作惩罚孩子的手段。如4岁的明明吃饭时，总是弄得满桌、满地都是饭粒。妈妈说过明明几次后，也起不了多少作用；结果，妈妈竟对明明说：

"如果下次再这样，就罚你擦桌子、擦地板。"妈妈的话让不懂事的明明感到"擦桌子、擦地板"绝对不是什么好事，否则在他犯错误的时候，妈妈怎么老是要他做这些呢？后来明明还真的有些瞧不起妈妈。在又一次被妈妈罚做家务时，明明竟吞吞吐吐地对妈妈说："妈妈，你天天做这些事，是不是犯过什么大错？"令妈妈哭笑不得。

正确地指导孩子做家务，会使孩子受益终身。

（唐静源）

## 状元母亲的"教女之道"

1997平江西省高考文科"状元",是一个当时还未满18岁的女孩,她就是九江市一中应届高中毕业生——一个被教师们推为十分难得的全优学生黄小玉。她被著名学府北京外交学院录取,折桂的成绩为670分。

黄小玉平时表现也十分出色。她不仅学习成绩一直很好,还是"优秀团员"和"三好学生"。她的绘画、音乐和演讲水平都很不错。她口才颇佳,言语幽默,表达能力很强。她还性格开朗,很有人缘,善于与人交往……她的一位小学教师,为教过她这样全优的学生,至今仍引以自豪!

黄小玉1979年10月出生在九江市一个普通职工家庭,上有一个长她8岁的哥哥,父亲是技工,母亲是厂子弟学校的小学教师。黄小玉能够成才,与她良好的家庭教育,尤其是她母亲的悉心培养是分不开的。

黄小玉的母亲名叫曾玉姣,为人踏实,性格开朗,也很健谈。在女儿面前,曾玉姣一直扮演着密友般充满挚爱的好母亲的角色。

黄小玉对母亲也一直十分信赖，很听母亲的话。

曾玉姣认为，挚爱有别于溺爱，挚爱也不是娇纵，而是严谨和宽松的有机统一，是要求孩子学习和生活都诚恳踏实，一丝不苟，一步一个脚印。

## 一、经常与女儿交流，在交流中溶入严谨

生下儿子8年后，喜得千金黄小玉，曾玉姣对女儿十分疼爱。小玉还不会说话时，曾玉姣就开始有意识地教育女儿。她把女儿当成会说话的人看待，辅以表情和手势去教女儿认识世界。女儿尿湿了床，她就一副难为情的样子摇着头说给女儿看；看到漂亮的衣服等美丽的东西，她就欢喜地给女儿瞧瞧……

女儿渐渐长大了，曾玉姣从不打骂女儿，至今连骂都没骂过女儿一次。女儿出现偏差和过失，她从不发火，而是耐心地与女儿交流讨论，指出应该怎样才好。

她有时火气来了，实在难以控制，也从不大喊大叫，最多也只是用略带生气的口吻朝女儿说上一句："你看你……"仅此三个字而已。小玉一旦听到这三个字，便自知太让母亲生气了，往往会愧疚得泪水盈眶。

上初中后，女儿逐渐爱看一些课外读物。曾玉姣没有去简单地予以限制和阻止，而是拿儿子迷恋武打小说误了学业来教育女儿："你知道你哥哥没考上大学如今很后悔吗？你哥哥是看武打小说把时

间都耽误了。"就这样，小玉从不看一些乱七八糟的东西，只看古今中外名著和一些健康有益的书报杂志。

　　曾玉姣很健谈，语音动听。小玉在与母亲的经常交流当中，不知不觉受到了熏陶，口才也不断长进。然而，曾玉姣还不满足，她还经常有意识地给女儿讲故事，然后让女儿重新讲出来给别人听。随着年龄的增长，她还让女儿与同学、朋友和邻居等人争辩有关问题，借以提高小玉的语言表达能力，同时让小玉增长与人交往的本领。

　　由于母亲平时教育严谨，黄小玉在学习上也养成了严谨的作风。她的作业草稿竟然都打得非同一般，就像一些孩子写作业那样整洁顺眼，并且很节约用纸。其学习态度由此可见一斑。

## 二、给女儿极大的自由，从不对女儿下"死命令"

　　黄小玉的家庭条件不好也不差，属于很正常的普通家庭，但是她的家庭环境是上乘的。曾玉姣夫妇和儿子都性格开朗外向，家庭气氛向来轻松和谐，毫无沉闷压抑之感。为女儿身心健康和静心学习，曾玉姣不仅十分注意家庭和睦快乐，还会给家庭创造欢乐的氛围。

　　曾玉姣对女儿尽管要求严谨，但同时又给予女儿极大的自由。无论是生活还是学习，她都从不约束女儿，从不对女儿下死命令，从不逼迫和强求女儿。

　　小玉五岁时，一次看到会画国画的舅舅作画后，觉得很有意思，居然也要用较珍贵的宣纸学画画和写毛笔字。曾玉姣说:"你还太小,会弄脏手弄脏衣服的。"小玉说:"我要是弄脏了一点点,您就不准我画,好啵?"曾玉姣便满足了女儿的美好要求,小玉就此练就了绘画这一技之长。

小玉在厂子弟学校初中毕业后,以全区第一名的成绩考进了重点中学九江市第一中学。因口才较佳,小玉入校后很快就担任了学校广播站广播员。九江市一中教学质量一流,来自全市各县区的成绩优秀的学生众多。曾玉姣生怕女儿影响学业而落伍,便对女儿说:"广播员有什么做得?"小玉却说:"什么事都要试着做一下好。"曾玉姣就再也没有干涉女儿做广播员的事。直到读完高一,小玉才从广播站里"退役"出来。

对于孩子读书做作业,曾玉姣也从不逼迫女儿。她反对给孩子搞"题海战术",她对女儿说:"只要你尽心尽力就行,不要太辛苦太紧张就可以了。"

小玉晚上在家做作业做累了,或是情绪欠佳暂时不想做了,书也看不进了,偶尔会要求打打扑克来消遣消遣,轻松轻松。父亲不愿与女儿"掺和",曾玉姣却乐此不疲,哪怕是不看电视或暂停家务,她也要陪着女儿玩一玩。

高中文理科分班时,由于黄小玉理科成绩也很出色,老师不知如何是好,便去征求她家长的意见。曾玉姣说:"由小玉自己选定吧。"小玉根据兴趣选定了文科,没想到一下竟然考了个全省第一……

就这样，黄小玉的心情多年来一直十分晴朗明净，几乎没有任何思想负担和心理压力，学习也就格外轻松和专心，并且很有成效。一位教育工作者在曾玉姣面前说："这样的家庭环境出人才！"

三．发掘与诱导女儿的良好习惯，让女儿多动脑筋

黄小玉天资聪颖，从小爱动脑筋，兴趣广泛。曾玉姣抓住一切时机，注意发掘和引导女儿的良好兴趣与爱好，培养和诱导女儿的良好生活和学习习惯及为人准则。

小玉三四岁时，曾玉姣教小玉背诵古诗词，往往需要给小玉提示才能接得下句来。遇到数字起首的句子时，曾玉姣就笑着伸出相应的手指，如"一行白鹭上青天"就伸出一个手指头；遇到"门"字起首的句子时，就指着房门让女儿联想，如"门泊东吴万里船"……于是，小玉慢慢学会了联想和融会贯通，背记能力也很强。

小玉五岁的时候，一次和妈妈上街买东西，发现妈妈称售货员为"同志"，便好奇地以为妈妈认识对方。曾玉姣随口答道："不认识呀。"谁知，小玉天真地问："那妈妈干吗喊她'同志'啊？"曾玉姣觉得好笑，但看到女儿很认真的样子，便耐心地给她讲了"同志"的含义，指出这是通用的礼貌用语。没想到小玉又问："我也喊她'同志'吗？"曾玉姣觉得女儿爱动脑筋是大好事，便高兴地引导女儿说："你是小朋友，不能叫大人为同志，要叫阿姨。等你长大了，才可以叫同志，记住了么？"小玉这才满足地点了点头。

小玉的能力和特长，自小学三年级开始逐渐显露出来，从此一直担任班干部，小小年纪就当上了少先队大队长，并且在班上和学校里主持文艺演出等有关活动……对此，曾玉姣一方面是大力支持和鼓励，另一方面又积极帮助总结和指点。因此，小玉的个性发展也很良好，不仅性格外向，活泼开朗，善于与人交往，而且比较自信，心理承受能力与抗干扰能力较强，许多事情都要做到求新求美，力争第一。她在这次高考中，就竟然没有一点压力感。

由于小玉爱动脑筋，从初中开始，她居然令人惊喜地编了一本《错题集》，将自己每次作业和考试的错题，一一列入其中。结果，《错题集》让她的错题越来越少。高中时，她还自我摸索出"知识列表法"，喜欢将各科目的知识分门别类地联系在一起，看起来很系统也很直观，这对她的学习也大有帮助。

黄小玉的成才，可以说是"应试教育"大背景下小家庭重视"素质教育"的优秀典型之一，也说明了家庭环境对孩子的成长影响极大。

黄小玉在谈到学习体会时对记者说："良好的开端等于成功的一半，我的启蒙教育受之于父母，她们对我的影响，特别是小时候的影响很大。他们从小就注意培养我良好的生活和学习习惯，注意发掘引导我的兴趣，告诉我诚恳踏实的为人准则。凡事只要我尽心尽力就行，从不下'死命令'。我很爱我的父母……读书如做人，要勤恳踏实，一步一个脚印。只有靠平时的点点滴滴积累，才能最后走向成功……要想考出好成绩，就必须脚踏实地，厚积而薄发。"我想，这是千真万确的经验之谈，我们不难从中受到一些启迪。

但愿天下的父母们都能像"状元"黄小玉的母亲一样，给自己的孩子一片自由而广阔的空间。

（俊义　刘业楠）

## "望子成龙"不如"做个样子"

天下"望子成龙"的父母居多，而到头来儿成龙女成凤的毕竟有限。

年近不惑的中年同志，由于自己该念的书没有念，面对尊重知识尊重人才的今天，有着太多的尴尬，有着难言的苦衷，本来应该自己实现的人生目标无可奈何地转嫁于孩子身上。可以这样说，我们这一代父母比任何一代父母望子成龙心更切。

为了孩子有一个光明的前途，父母们在智力投资上可谓穷尽其力，不打一丝折扣不带一点含糊。父母们宁肯腰里省牙里抠，乃至心甘情愿到戒烟戒酒，也不肯为难孩子一回，哪怕兜里一时没钱，就是搭上面子出外告借也要满足孩子的要求。"只要你给我好好学，砸锅卖铁我也干，我的小祖宗！"父母几乎是在央求孩子了。在另一方面，作为四十岁上下的父母却完全地放纵自己，虚度光阴，渴望子女成才与完全地放弃自己形成巨大反差。他们常常唉叹：人到三十不学艺，如今都奔四十岁的人啦，还有啥出息？就看孩子们的了。

孩子们模仿性极强。他们常常喜欢把自己最亲近的人作为楷模去效仿。爸爸妈妈每天垒方城、打扑克、上舞厅得乐且乐，自己却头昏脑涨做做不完的作业，背背不完的书，孩子们心理上不平衡，从父母那里获得了优裕的生活条件和学习环境，而独独在父母身上找不到一面上进的镜子。

茹志娟不愿意女儿涉足文坛，投身文学的艰辛且不说，单单是当时涉足文坛的"惹事生非"就足以叫一个母亲心惊肉跳战战兢兢。当母亲发现女儿对文学有无限情趣的时候，想再阻拦都来不及了。母亲对于文学如痴如醉的热爱、执著忘我的投入、坚韧不拔的努力奋斗精神潜移默化地影响着少年王安忆，她踏着妈妈的足迹跟上来了，其追求更为坚贞，其脚步更为有力，其投入更为忘我，其耕耘更为艰辛，因而获得比母亲更大的文学成就。

我国著名漫画家丁聪的父亲也曾是一位漫画家，他不希望儿子重复自己，然而受父亲年复一年的熏陶和影响，儿子丁聪神不知鬼不觉地爱上了漫画创作，终成当代中国闻名遐尔的漫画大家。

不一定非要子承父业，女承母业。关键在于为人父母者，要给孩子做一个好样子出来，向孩子提示一种进取精神，这对孩子的成长，比投入金钱更容易收获到希望的果实。

我因此不再困惑，不再彷徨，不再用"今生无望"来麻痹和原谅自己的不思进取，无所作为。我明白了，要求孩子努力，自己首先努力。孩子升入中学的那一年我才急急打点行装，顾不得起步已晚，在繁忙的公务和沉重的家务中见缝插针地认真读书，苦苦写作，经过几许春秋的苦斗，截至目前已有210篇散文、随笔、杂文刊发于省级以上报刊，今年元月加入山西省作家协会。也许成功与我无缘，也许成功距我依然遥远，我却以一颗不屈不挠的心与命运较量，与时间赛跑，与我的女儿从不同起点结伴前行，相互鼓舞，共同进步。女儿上小学时学习缺少动力，学习成绩并不出色，但上了中学后的女儿几乎是在拼了，她的学习热情高涨猛增，苦学的劲头常常令我感动不已。不是我劝孩子要好好学习，是我一次又一次劝说孩子要注意身体注意休息，莫学过了头。功夫不负有心人，孩子的学习成绩一升再升，长女已于今年顺利地考入南开大学，次女正上高三，其学习劲头正冲，大有超越她姐姐的势头。

　　我只想以自己的亲身经历，告诉父母朋友一句挚言：望子成龙不如做个样子。这样做，或许有"一箭双雕"之功效。

（赵锁仙）

## 今天我们怎样做父亲？

在我小的时候，父母白天外出工作，晚餐则是我们全家欢聚的时刻，每到那时，我们兄弟姐妹总是兴致勃勃、七嘴八舌地谈论着体育、政治等话题，当时我并不知道，父亲很看重这类家庭聚餐，他其实是把这当作教育子女的课堂之一。

记得我8岁时，在一次晚餐上，我们讨论罗斯福总统试图否决最高法院的一项任命，父亲对总统的计划表示首肯，而我则争辩说，假如罗斯福的设想如愿他就会完全控制最高法院。父亲神情专注地听我发表意见，并不时地点头。

几周后，罗斯福的计划搁浅了。那天晚餐时，父亲拿出一瓶苹果汁，郑重其事地给我倒了一杯，"为你的胜利干杯"他说，"你是对的"。那一刻，我感到自己就像一个百万富翁般的骄傲。多少年过去了，父亲对我说的那句褒奖之词仍清晰如昨，它给了我一种自信感使我终身受益。

照传统观点看来，父亲的职责是养家糊口，训诫子女，有所谓"男主外，女主内"、"严父慈母"之说，但为父之道并不仅限于此。

今天，许多男人就与妻子一道担负着养育小孩的职责，这些父亲们将抚养小孩看得与事业同等重要。有位父亲就说："我的父亲曾得意地表白他从不曾换过一块尿布，可我却要为自己换过几百张尿布而感到骄傲。"

但是，一位称职的父亲决不只是简单地成为"妈妈第二"，好的父亲应该与他们的孩子建立起一种更积极更有意义的关系。心理学家认为，父亲在培养孩子的体能、勇敢、判断力、冒险精神以及接受新事物的能力方面比母亲更胜一筹。

《父亲的角色》一书的作者亨利·比勒认为，受父亲影响较多的孩子往往更能与同伴融洽相处并表现出较强的社交能力，他们更能适应新环境，智商也要高些。

今天，我们应该怎样做父亲？男人们在事业拼搏、挣钱养家之时不妨问问自己这个人生中同样重要的问题，以下专家的建议对你也许有所助益：

## 1．与孩子亲近

在美国，约有50%的孩子生活在由父母组成的核心家庭中，世界其他国家或高或低于此数。对于那些父母离异或分居的孩子来说，他们大多与母亲生活在一起，有些孩子常常几周甚至一年也难见到父亲。

即使离婚难以避免，离异后的父亲也应寻找途径介入到孩子的生活中去，哪怕他与前妻"势不两立"或居住遥远，也不能让无辜的孩子有无父之感。

一名妇女与丈夫离异后，竭力向女儿灌输怨父情绪，受其影响，女儿对父亲也避之不见，但这名父亲痴心不改，坚持不懈地通过电话、信函、送礼物等方式接近女儿，终于女儿被父亲的诚意打动，父女俩又恢复了来往。

当然，并不只有离婚的男人需要作出些额外的努力来与孩子亲近，那些长期离家在外工作的父亲也应利用有限的在家时间加强与孩子的沟通。研究表明，远离父亲呵护的孩子不仅智商较低，面临危境束手无措，且易受不良影响而导致少年犯罪。因此，由于各种原因不能常与孩子呆在一起的父亲应通过电话和书信等方式来弥补这一缺憾。

## 2．投入精力

在一项调查中，4—5岁的儿童中竟有三分之一者说他们宁可看电视也不愿与父亲呆在一起，这一结果并不表明孩子生来就有畏父心理，而是说明父亲的投入不够。

调查还显示，相比母亲而言，父亲每日与孩子厮守的时间要少的多。因此，要想获得孩子的亲近，做父亲的便需要投入更多的精力。家庭问题专家弗尔说："你不必刻意谋划何时该与孩子相处，而只需参与孩子的一些日常生活即可，诸如陪他睡觉，送他上学，带他去运动等。"

父亲的投入在儿童的身心发展中至关重要，研究显示，那些在父亲的目光注视下长大的孩子往往在思维能力、同情心和独立性方面占有优势。

### 3．对接子多勉励

近日，我在一个餐馆里见到这样一幕：当一名幼童努力将菜单上的菜名拼读出来后，他的父亲靠过去，给小家伙一个结实的拥抱以示赞扬，孩子脸上顿时露出欣然之情。我敢说，对小家伙而言，这位父亲的嘉勉胜过了那晚他吃到的所有美味佳肴。

父亲在生活中充当儿子的"啦啦队"似乎理所当然，但人们却常忽视父亲对女儿的支持和激励也同等重要。倘若女儿觉得在父亲的眼中自己将来会是一个成功者，那么她在未来的人生之路上也会积极主动得多。而父亲对女儿的漠视则会对女儿的整个生活道路产生消极影响。

"不管我做什么，我的父亲总是漠不关心"，一名妇女曾告诉我，"甚至当我所在的棒球队荣获冠军时，他也只是咕哝几句就转身去看他的报纸。在遭此冷遇后，我的奖牌似乎也一下子黯然失色了"。从此，父亲对她的漠视成为了她人生之路上一道挥之不去的阴影，忆及此事总使她感到悲凉无比。

这名妇女的经历被专家们称之为"父亲饥渴症"。这种饥渴能够促使她毕生都去寻找失落的父亲或替代者。

心理分析学家诺拉·特斯曼发现，那些能充分驾驭自己生活的女性往往有一位称职的父亲，他能自小鼓励和信任她，参与她生活的各方面。正如一名现在已是工程师的妇女所言："父亲总是向我表明：哪怕我是女孩，也没有什么事情是我所不能做到的。"

### 4. 参与孩子重要的人生经历

除了履行传统意义上的养家糊口的"父亲天职"外，一名出色的父亲（无论离婚与否），都应该参与那些对孩子来说较为重要的人生经历，诸如成人仪式、毕业典礼等。

一名当经理的父亲宁愿放弃公司的圣诞晚会也要去参加女儿小学班级的联欢会，他说："公司的晚会没我一样照开，可女儿不一样，她希望我能像别的家长一样参与他们的活动。"

### 5. 灵活处理纷争

那些能以耐心和灵活的方式解决与子女纷争的父亲往往能获得高额的情感回报。你也许未能让子女屈服在你的意志之下，但却能使你们的亲情关系得到巩固。

有位朋友的女儿打算去邻近的大城市谋职，可父亲不同意她去，其理由是"你还太年轻"。父女俩僵持几日后，父亲坦率地道出他的隐忧：他主要是担心大城市治安欠佳，女儿离家太远安全没保障。

最后，父女双方都作了一些让步，达成了一个折衷方案：女儿暂时在家乡工作一个夏天，待有了一些独立生活经验后再去闯荡大城市。父亲的让步丝毫未影响到他的权威，相反却使他们的父女之情更为浓郁。

## 6．制造魔幻时刻

一名40岁的杂志编辑，至今仍对儿时父亲陪她睡觉时讲故事的情景记忆犹新；她们姊妹趴在床上，痴迷地听父亲讲着那些美丽的童话故事。"现在追忆起来，"她说，"那些日子似乎有一种梦幻般的色彩，它使人们感到安宁、幸福"。

另有一位父亲善于赋予平凡之物某种魔幻的色彩，他这样对我说："在我儿时，父亲一本正经地说，当我们将树叶堆的足够高时，小精灵就会到里面去。如今，我也对4岁的儿子这样说，当他去寻找时，总能找到我事先放在里面的一些糖果、玩具等礼物"。这种在日常生活中创造某种童话氛围既能激发孩子的想象力，又能使孩子自小就拥有一颗美好的心灵。

## 7．别将烦恼带回家

人生并非一帆风顺，工作中也常有不顺心的时候，但明智的父亲都知道别把烦恼带回家来，父母的郁悒和不快能很快感染小孩子，从而在他们幼小的心灵中产生莫名的恐怖和不安全感。

不管外部世界如何变幻莫测，做父亲的都应尽力在家里制造一些安宁和谐的气氛，使孩子感到家庭是个避风的港湾。当然，并非不能告诉孩子家庭中出现的困难，但应让他们感到父母有足够的力量克服它。对大一点的孩子，还可让他们为家庭走出困境尽一份力，这也有助于建立他们的自我价值的观念。

## 8．与妻子一致

父母应就一些家规达成协议并坚持遵守它。例如，有一对夫妇曾规定全家不得在电视上看渲染暴力的影片。一天晚上，母亲出外购物，父亲瞧见电视节目单上有一部颇有名气的恐怖片，在一旁的儿子也正好瞧见了它。小家伙央求到："我们看一看吧，我保证不告诉妈妈"。

但是，这名父亲还是恪守承诺："你妈妈和我有过约定"。明智的夫妻知道，从父母的彼此信任和互相忠诚之中，孩子能获得一种安全之感。

（杨继宏　编译）

# 乔丹之母教子

乔丹是世界最优秀的篮球明星,不仅他的球技使无数球迷倾倒,而且他的品行也令人钦佩。尤其是在现今有些著名运动员涉嫌吸毒、强奸、斗殴之时,乔丹却在球迷们的心目中保持着美好的形象。这除了因为乔丹能严格要求自己外,还因为他有一位善于教子的母亲。从下文中可以见到母亲的话对乔丹的影响:

### 培养劳动习惯

"孩子小时候,我就要求他们打扫屋子、收拾床铺、做菜、洗衣服,完成家务劳动中自己应当承担的部分。"

直至乔丹闻名遐迩之时,一位记者到他家中采访,发现乔丹正匆匆忙忙用吸尘器收拾客厅。他坦然地解释说:"晚些时间母亲要来,让母亲看到屋里一切都井井有条,能让母亲舒心。"

### 鼓励实现梦想

"我暗自庆幸没有说过任何对他和他的梦想表示怀疑的话。"

乔丹小时候非常崇拜大卫·汤普森。

1972年,乔丹看过慕尼黑奥运会后,兴冲冲地走进厨房向妈妈宣称:"总有一天,我要参加奥运会篮球比赛,我要赢得金牌!"他妈妈肯定地对他说:"我相信你能行。"所以,此后乔丹为了实现自己的理想,即使在中学二年级时被校队刷掉了仍不气馁,终于实现了一个又一个目标。他曾两次赢得奥运会金牌、连获三次NBA冠军,每年名列全美明星阵容,连获7次NBA"最佳投球手"称号,多次获得"最有价值球员"奖……

每当此时,他总是这样回答记者:"这并非我一个人之功。"他将荣誉归于家人、朋友或是队友。只要他妈妈在场,他总是首先抱起妈妈开怀大笑,重提1972年他在厨房与妈妈交谈的旧事。

## 做事言而有信

"孩子们在家时,我常告诫他们要言而有信。只要他们作出承诺,就不得反悔。"

乔丹成为公牛队最优秀的队员,而NBA圈子中许多运动员的收入比他多许多,他却做到了言而有信,几乎从未要求改写合同以便获得更多金钱。

对于他签约做广告的产品,他也是言出必行。当他担任可口可乐发言人时,决不喝其他品牌的软饮料,而且要求家人也只喝可口可乐。在他与可口可乐签约期间,一家橙汁公司想请他妈妈做一个电视广告。当妈妈征求他意见时,他说:"您不能做这个广告!您做这个广告就等于和可口可乐竞争。"虽然,乔丹妈妈为此失去了一笔可观的收入,但她还是感到很高兴。因为她看到了自己的告诫变成了孩子的行动。

(文 心)

# 哭哇！累呀！好一个状元父亲

1997年7月，在鄂西北谷城县石花镇七里冲村的一个山坳里，一位中年汉子领着两个儿子来到一个保存完好的坟茔前。两个儿子齐刷刷地双腿跪在坟头，中年汉子佝偻着瘦弱的身体在两个儿子中间，双手合着将一柱袅绕地冒着青烟的香颤巍巍地放在坟上，哽咽着："娃他妈，孩子们向你告别来啦！18年前，你牵挂的事，今天你在九泉之下可以瞑目了！明天，兄弟俩就要去上大学……"这个中年汉子就是被当地誉为"状元父亲"的王庭方。此刻，十几年的辛酸和苦难在他心头像决了堤的洪水，"哗啦"涌了上来……年轻丧妻——婚后的日子没过多久，妻子就撒手归西。

他坚强地面对着人生的不幸

1975年中秋节的第二天，26岁的王庭方在经历过数次婚事告吹之后，终于拥着新娘在"噼噼啪啪"的鞭炮声中做了新郎。

十五的月亮十六圆。王庭方特意选定这个象征着幸福、美满的日子作为婚期，是想图个吉利。

婚后，夫妻俩恩恩爱爱、勤扒苦做，日子的确过得很顺。尽管家里几乎一贫如洗，但妻子持家有方，与公公婆婆相处得和和睦睦。王庭方喜上眉梢。

苦尽甘来，王庭方品尝着幸福的甘汁，心里像蜜一样甜，日子也一天比一天好了起来。几年后，他们陆续有了两个儿子。

三代同堂，全家人沉浸在欢乐的气氛之中。

然而，欢乐的时光宛如流星一般，在他家一闪即逝。

1979年初，妻子突然患病。

平时不害病的人，一旦害起来咋就这样厉害！王庭方倾家所有，东借西凑，四处求医，全力挽救妻子的生命。但是，最终还是没能挡住死神的降临。

妻子在弥留之际，用微弱的声音断断续续地对他说："我要……走了，这家……交给你，要把我们的……孩子…培养成材。我爹……命苦，替我照……照顾他，拜……托……"

"五·一"劳动节这天，妻子还没来得及过她26岁生日就过早地离开了人世，给他撇下了2000多元债务和一个失去平衡的家庭。那时，大儿子成文不足3岁，小儿子成福才1岁零46天，父母积劳成疾，都丧失了劳动能力，身下的三个弟弟妹妹最大的才16岁，都还在读书。

妻子去世后，王庭方在伤痛、沉郁中只身背起了家庭的重轭。

## 父母是最好的老师

孤身只影——历尽千辛万苦，他强撑着这个苦难沉重的家庭

男人一生中最大的不幸莫过于年轻丧妻。王庭方在失去了妻子的日子里，过得很苦很累。

那还是凭工分吃饭的年代，王庭方为了养家糊口，拼命挣工分。最累的活，别人不干他干，最脏的活，别人不做他做。哪怕只比别人多挣半分，他都争着抢着做。就这样挣得了工分还不够糊一家人的口，一年下来倒欠生产队钱，王庭方在背地里唉声叹气。

为了弟弟妹妹们能安心读书，他把苦楚埋在心底。

难熬的日子在一天天流逝。大弟终于高中毕业了，对于这个家庭来说，无疑多了一根支柱。大弟很高兴能帮哥哥共同操持这个家。

但是，到了年底，王庭方又不声不响替弟弟报了名，让他去参军。

"哥，我不去！你供我读书这些年，我刚能帮你一把时，你又要让我走哇？""你不能跟哥一起守在家里受苦，出去总比在家强。""我不能离开你，家里的苦就让我俩吃吧！""好弟弟，听哥的话，家里有我，你安心去当兵，只要你能奔个好前程，哥这几年的苦就没有白吃。"费了一番口舌，王庭方终于说服了弟弟。就这样，弟妹们毕业一个，送走一个，惟有他无声无息；无怨无悔地独自撑着这个家。

谁料，屋漏偏遭连阴雨。

一天，年逾70的老母亲突然中风，嘴歪、失语；父亲早已双目失明，母亲现在又是这个样子，王庭方急得直转。他咬咬牙，再次四处讨借，勉强凑了点钱，把母亲送进了医院。出院时，本来就负债累累的家，又增加了2000多元的新债。而且，母亲每天还要继续吃药。

这越来越高的债台，压得王庭方险些喘不过气来，意志也差一点被摧垮。

天无绝人之路。正当王庭方感到绝望时，眼前却出现了一丝亮色。

这一天，远房的一位亲戚在外打工回来，路过他家。闲谈中，王庭方开了窍儿：对，打工去！兴许是一条出路。

就这样，他第一次踏上了北去的征途，到山东金矿打工挣钱。

外面的钱是好挣！一个月下来，他就挣了三百多元。这是他在家勤扒苦做半年才能得到的收入啊！那一晚，他一夜没合眼；心里激动。可是，当他第二天揣着新领的工钱准备寄回家时；却在半路上被人抢了，自己还遭了一顿打。

后来，几个老乡才告诉他：这地方"匪"得很，不少人搭了命，你初来乍到，不知底细，以后千万要小心。

王庭方一听，怪自己当初为什么不邀几个老乡一起去？他不是怕死，死不足惜，可家里的两老两小怎么过呀！

　　为安全起见，王庭方又辗转到一家煤矿上去干活，那里的活虽然又重又脏、收入低点，尽管每年都有好几个人被埋在井底，但比起金矿上的担惊受怕来，他感到还是安全得多。

　　王庭方在煤矿干了两年，每年可以给家里汇去2000多元，这期间，母亲每天的药钱和两个孩子的学费有着落了。可是正当他干得起劲时，一封加急电报把他召了回去。

　　1994年农历十月初五，母亲早上做饭时，摔了一跤，再次中风，从此半身不遂，大小便失禁，吃喝拉撒全在床上。王庭方只好回家，侍候母亲，家里的经济收入，一下子又跌入低谷。

　　母亲不忍心再连累儿子，几次想寻短见。王庭方跪在床前："妈，儿子不孝，让您受罪了，这些年，我一直想让你过几天舒心日子，您这样不明不白地要走，不是在戳我的心吗？只要您能好好活下去，儿子再苦也高兴啊！"说着，母子相拥而泣。

　　王庭方毕竟是条汉子，苦难并没使他退缩。他下功夫钻研农村科技，不久就成了"种田能手"，他种果树养蜜蜂喂猪，生活开始有了转机。这个多灾多难的家终于被他支撑起来了。

## 情动天地

　　他只身撑起了另一个多难的家庭，用亲子般的孝心去慰藉岳父中年丧女后，那颗伤痛、孤独的心。

提起王庭方的岳父阮承会，方圆左右的人都知道，那是一个苦命人。家庭出身不好，地主！就因这成分，改变了他一生的命运。

1925年出生的阮承会，是谷城县一中首届毕业生，解放后，政府见其年轻又有"墨水"，就破例安排他当了一名教师。

不料，在以后的日子里，灾难竟一个接一个降到他头上。1959年冬天，女儿6岁半时，妻子病故。

"文革"期间，被视为不法分子挨斗。

54岁那年，唯一的女儿病亡。

这一连串的打击，使他失去了安稳的生活，浪子般地在江湖上闯荡，凭着漂亮的木工手艺漂泊了大半生，一直偶影独游。岁数大了才定居老家——五山公社红星大队，距王庭方家有20来里地。

王庭方结婚时，妻子什么要求也没提，只是说："我爹咋办？""怕啥？接过来一起住。"话虽这样说了，可他的时运更不济，一直遭受磨难，有心却无力！

1979年5月3日，王庭方办完妻子的丧事之后，无依无靠的岳父要走，王庭方含泪向他表露了心迹："您留下来吧，让我替先莲（王庭方亡妻）来照顾您！"为了表示诚心，他"嗵"地一声双膝跪在岳父面前，近似哀求。在那短暂的数秒钟定格之后，岳父还是狠了狠心，走了。

1987年深秋的一天，正在地里播麦的王庭方远远望见有个很像岳父的老头在自家门前徘徊。他立即放下农活，一路小跑，临近一看：不错，是他！

王庭方忙把岳父请到屋里，老人见到久别的亲人，满腹的辛酸一古脑地向他倾泄出来。

岳父从执意离他而去到现在主动上门找他，这期间经历了8个年头，8年间，老人曾两次续弦，后来，一个个都先他而逝。第二个后妻死后，继子女们明的不撑暗的欺。他一个人辛辛苦苦种点菜，已经分了家的媳妇们都到菜地里去拔，有时他们待客到商店里赊酒、到摊子上赊肉，也签的是阮承会的名字，结帐时，店主和摊主直接向他讨钱。这岂不是明火执仗撵他走吗？在万般无奈的情况下，他想起了女婿。女儿安葬后，女婿那感天动地的一声响跪，曾把他全身的每一根神经都激发得异常亢奋。他之所以当时没有答应，是因为他仍有顾虑。

这次，他主动回来找女婿，王庭方格外高兴。

"您放心住下，今后，只要我有一间房，您就有半间屋；我喝得上一碗粥，就少不了您一碗汤！"一句话，说得阮承会老泪横流。

这次，岳父踏踏实实的住下了。

当时，不少亲朋好友出来干涉、反对："你积的哪门子德，连自己的家都快顾不上了，你还想找个虱子咬！"面对四面八方的阻挠，王庭方根本听不进那些，也没有那份闲情逸致去跟人理论。

岳父住下后，他当亲爹一样待着。

1994年，王庭方的母亲瘫痪后，阮承会住在一起十分不便。王庭方就把仅有的三间土坯房，隔出一间让岳父住，还给他搭了一个偏厦做厨房，让他一个人能安逸、清静。

按说，女儿早已死了，女婿能做到这一步已是难能可贵了。但王庭方想得更周全，他说："少时夫妻老时伴！老人岁数大了，即使我照顾的再好，也没有老伴陪伴好。"于是，他自己顾不上找对象，却四处张罗为岳父找老伴。

一连几天，王庭方总是在思索着一个问题：岳父家门的嫂子三天两头来玩，而且每次都是替岳父洗浆补裰之后才走，莫非……

王庭方决定先探一下岳父的虚实。岳父不好意思地撂出一句话：晓得人家看得上咱不？

王庭方心里有了底。岳父的家门哥哥阮承江去逝多年，这老奶奶看上去倒还怪贤慧，说不定对岳父也有那层意思，这可是打着灯笼也难找的好事，决不能放过！

事不宜迟！晚上收工之后，王庭方随便扒了几口饭，就翻山越岭为岳父牵红线去了。谁知，老奶奶倒没啥意见，就是几个儿女们说天都不依，他们说，母亲儿孙满堂还嫁人，简直是丢人现眼！王庭方只好败兴而归。

回到家后，王庭方左思右想，怎么也睡不着。他真想不通，几千年的封建和愚昧套在中国妇女身上，那好女不嫁二夫的"贞洁"枷锁难道把人们坑害的还浅吗？而这种腐朽的思想在我们这代少数年轻人脑子里为什么又是那样根深蒂固？若继续下去，将要断送多少老人的幸福！

他下决心要促成这对老人的婚事——为了岳父，也为了深居简出的一批山区农村妇女，他要用行动去冲破这张封建与愚昧交织成的樊篱！

功夫始终没负有心人！经过王庭方的多次周旋和劝说，老奶奶的几个儿女思想通了。

为了让岳父能自立"门户"，王庭方干脆把房子全部让给了他，自己却带着一家老小把弟弟留下的房子打扫打扫住了进去。

虽然分成了两家，但近在咫尺，照顾依旧。

几天后，他又煞费心机为岳父开了一个副食店。平时，隔三岔五到街上帮他们进一些烟酒和其他日用品，老俩口每年吃的粮食都由他足额提供。

阮承会逢人便说："我现在的一切，都是我女婿给的，我一生遇到这样好的女婿，死也值了。"

王庭方至今没有再婚，不少女的见他心眼好，就托人做媒，他都一一拒绝了。他怕亏待了两个孩子和两家的老人。虽然瘫痪的母亲在一年前（1996年农历十月初三）已经去世，但其余的这三位老人一刻也离不了他，哪个女人能容得下他这样？更何况他生活依然窘迫，还要供两个儿子读四年大学。这副沉甸甸的担子还是让自己一个人挑起来吧！

## 教子有道

困境中苦熬了半辈子的王庭方，终于艰难地培养出两个大学生，实现了他"状元父亲"的梦想。

妻子去世以后，王庭方把一切希望都寄托在两个儿子身上。

王庭方对待孩子，始终把着一条：爱，但不宠。他曾对记者说过这样一句话："爱，能给孩子动力；宠，只能把孩子惯坏。"这虽算不上名言，但却实实在在反映了他教子成才的"秘诀"。

六、七岁，那是在父母怀里撒娇的年龄，而王庭方的两个儿子却显得格外成熟。他们6岁打猪草，7岁会插秧。王庭方说："只要孩子有兴趣，就让他们学，莫怕苦了他们，吃点苦，对孩子有好处。"

有一次，兄弟俩插秧比赛，他夸奖道："我的儿子插秧一个赛一个，要是学习也是这样，你们今后都考上大学，爸爸就是'状元父亲'啦，那我该有多高兴哟！"平和的一句话，并没给孩子施加什么压力，却在他们心灵中产生了很大震动，兄弟俩从此在学习上暗暗地较上了劲。打那以后，两兄弟的成绩一直"拔尖"。

老大成文1993年以565的高分考入县一中。

老二成福第二年又以602分全校第一名的好成绩，被襄樊市五中录取。

连成文自己也没料到，1996年报考大学时，离第一志愿仅半分之差，竟名落孙山。

王庭方心里清楚。成文的落榜并不是智力差，是因为家里太穷，舍不得吃而影响了成绩。

在学校，老大比老二高一个年级，在石花镇上初中时，学校统一食宿，为了节约，兄弟俩每天只是早上在校吃一顿饭，中午跑六七里路回家饱饱地吃一顿，一直管到第二天早上吃早饭，省下晚上一顿饭。别的同学在校吃不饱，还经常到外面买些零食，而他们却从不在外乱花一分钱。成福在一次班主任找他了解家庭情况时说："我不能和别的同学比，我的每一分钱都是父亲一镐一锄从田里刨的，是他一点一滴从牙缝里挤的，所以我十分珍惜每一分钱……"班主任听着听着，眼睛被忍不住的泪水模糊了。

当班主任将这情况反馈给王庭方时，他感到很震惊，小小的年轻就这样为大人分忧令他感动，可随着毕业的临近，孩子们的学习越来越紧张了，老是那样节省，营养跟不上可不是闹着玩的。王庭方就把家里用来换油盐的鸡蛋拿到街上换点肉，回来炒好后再煮几个鸡蛋包好一起给孩子们送去，改善一下生活。

每当兄弟俩从父亲手里接过这些东西时，父子三人都心照不宣地各自受到一次强大的精神鼓励。直到上高中，兄弟俩仍然保持着不吃晚饭的"传统"。这还能不影响成绩？

暑假的一天，王庭方把兄弟俩叫到跟前，第一次拿出了家法："你俩都给我听好，谁也不准打退堂鼓。成文复读，明年兄弟俩同时考，每月再给你们增加100元生活费，都给我实实在在吃完，钱的问题，不准你们操心，我自有办法。哪有活人被尿憋死的?"

1997年高考揭榜后，兄弟俩双双考入大学。老大成文考取湖北三峡学院。老二成福考取湖北工学院。

乡亲们上门道喜，称他"状元父亲"。村干部赶来慰问，感谢他为村里培养出第一批大学生。王庭方喜出望外。

欣喜之余，那昂贵的学费却又给王庭方眉头上增添了一道愁云。他感到心力交瘁!

恰逢此时，县委驻该村的"双向"教育工作队进村了，他们得知后，立即号召村民捐款。不几天，此事传遍全镇，镇政府及派出所、教管会、学区等单位群众纷纷解囊相助。

兄弟俩带着乡亲们那沉甸甸的祝愿和深情厚谊，即将踏上新的求学之路。

9月7日。兄弟俩祭过母亲后，王庭方一直把他们送到村口……

孩子们走了，王庭方第一次有了累的感觉。现在，连他自己也不知道这些年是如何挺过来的。但有一条，他坚信：人的一生。无论遇到什么样的磨难都不可怕，可怕的是自己不能战胜自己。

尽管，现在两个儿子都上了大学，父子三人各居东西，但他们互相激励、安慰的信息从未间断过。

大儿子成文在入学半个月后，就马上给父亲寄来了一封信，在信的末尾写道：

爸爸，我求您一件事，你一定要把自己的身体保护好。您不仅在精神上要支持住，而且要在身体上支撑住。我想，再过四五年，我们一定会好起来的。至于钱的问题，我们以后可以自己挣一点，您不要太着急。……我们可以接受别人的善意资助，但决不能接受别人的施舍，因为，我们的路还很长，今后还要做人。

这封信给王庭方带来了很大的安慰和鼓励。他理解自己的儿子，他们都是好强、争气的好孩子，他为儿子面对困难所表现出来的成熟和坚强感到由衷地高兴。

二儿子成福入学后，为了减轻家庭的负担，开始利用课余时间在校外做"家教"。今年春节放假回来后，对王庭方说："爸，过年后你只给哥哥准备学费，学校已经免了我一个学期的学费，下学期我不打算再让学校减免，我会用家教挣的钱去缴的。"

望着成熟和坚强起来的两个孩子，王庭方又悲又喜！

（张天儒）

# 母亲教我学做人

夏夜里躺在草地上，望着静静的夜空，那弯弯的月亮把她柔柔的光辉漫过来抚摸着我，拂去了我心里飘拂着的尘烟，感觉一阵轻松和惬意。母爱的温馨便从心底涌起，一阵感激化为了对母亲的思念。是母亲教会了我怎样做人与处世，是母亲看着我一步一步走到了今天，我感谢母亲！

母亲没有上过学，不懂得什么教育理论，但她却极会教育自己的孩子。那时我还没有上学，大概六岁左右吧，一天母亲拿来一个拾鸡粪的小筐给我，要我每天拾五斤鸡粪然后再玩。我不怎么愿意，母亲就告诉我拾了粪交给队里，可以记工分，就能分到粮食。母亲说："你以后就可以吃自己的饭了，不像其他孩子吃爸妈的，你比他们都强。"我希望能比其他小伙伴们强，于是我拾鸡粪一直拾到小学毕业。每次吃饭时，我都觉得理直气壮，吃得饱饱的，小小的心灵里觉得挺自豪，不由深深地感激母亲，在我幼小的心灵里就种下了一颗人要自立的幼苗，这棵幼苗随着我年龄的增长而茁壮成长。

母亲不仅教会我应自立，还教育我自己的事自己干，如果还能为他人做事，那将是一份不可多得的快乐。记得小学毕业那年，大队改为了村，田分给了个人，爸妈把全部精力投入到田地里，家里的事就没有精力做了，母亲就告诉我试着把自己的衣服洗一下，再升学就上中学了，衣服就只能自己洗，先在家里锻炼一下，学点经验，当然，如果能把全家人的衣服都洗一下，爸妈会很感激。爸妈的衣服上缀满了补丁，又厚又重，浸到水里简直提不起，没洗两下就弄得手痛胳膊软。但一想到这能给爸妈带来惊喜，爸妈回来后肯定会表扬我，便又鼓足了劲。母亲从田里回来，看着晾在竹杆上的衣服，脸上溢满了笑意："做人就应该这样，有一点力气就做一点事，锻炼了自己，又有益于他人，我儿将来一定有出息。"我的心里乐滋滋的，第一次享受到了为"他人"做事的快乐。在往后的岁月里，每当我的同学需要我帮忙时，只要我力所能及，总是高高兴兴地去做。于是我与同学处理好了关系，赢得了同学的尊敬，获得了同学的友谊。这便构成了我学生时代的一道不可多得的风景线，它一直影响着我直到今天，并将影响我直到永远。

　　我更要感谢母亲的是她教我明白了男儿当自强的道理。由于不识字，母亲没法从书上来找例子启迪我，只是从她耳闻的故事中以及她所了解的人和事里，告诉我，男儿长大了要凭自己的本事做出一番事业，才能在社会上挣得一席之地和赢得人们的尊敬。窝窝囊囊的人，特别是窝窝囊囊的男人，是被人看不起的，是可怜虫。母亲对我说这番话时，我正读初三，当时读书劲头有点减退，学习上有些放松,母亲就用"凿壁借光""悬梁刺股"的故事教育我。母亲还说:"一个人,一个家庭,都必须有出息,才被人看得起。你妈这辈子只指望你,你将来考取了大学,你妈才高兴。"那一刻我被深深地震动了,我才明白我肩上还有母亲沉甸甸的希冀,读书并不仅仅是为了自己。从此,我便有了一种使命感,我将来一定要做出一番像样的事业,于是我便努力读书,我也知道了我是母亲放飞的希望,将来是做翱翔于九天的雄鹰,还是做穿梭于林间的小鸟,全靠自己的奋斗。男儿当自强啊,我感谢母亲!

后来,我果真考上了大学,当我把这一消息告诉母亲时,母亲高兴得合不拢嘴,那一刻我发觉母亲的腰似乎直了许多。放寒假回来,休息过后母亲叫我和她一起到地里去扯油菜脚叶给猪吃。在劳作时,母亲向我絮絮地打听大学的生活情况,与教师、同学的关系情况。后来母亲又告诫我回到村里见了认识的人,都要先打招呼,礼貌问好,不要像有些大学生,以为考上了大学就上了天,见人爱理不理的,这样不好。做人应该要谦虚有礼,地位越高,越要这样。母亲还建议我寒假无事的时候,去看望一下村里的一些老人:"他们以前对你很关心,你现在去看他们,他们会很高兴的。"我遵照母亲的话去做,果然受到了父老乡亲们的热情接待。乡亲们都夸我有出息,懂事,还没有忘记"泥腿子"。现在细细咀嚼母亲当时的话,我实实在在地感觉到,母亲是在以她的人生经历来教育我应该怎样做人,怎样处世。从母亲的话里我懂得了无论在什么地方都应该谦虚、

## 父母是最好的老师

懂礼。现在我在工作中奉行这一条准则时，很快就与领导处理好了关系，与同事更是相处融洽。不像某些同学刚步入社会时的因不适应环境而感到苦闷和到处碰壁。

现在我的生活已基本安定下来，除了生活外还略有些节余，便劝母亲少种点田，只要自己够吃就行了。母亲看着我，笑笑说："古人说'八十岁的公公砍黄蒿，一日不死要柴烧'，何况我还不老，还能劳动，闲下来会闷得慌。人哪，不管是谁，都要不停地劳动才行。"听了母亲的话，我感到脸有点发烫，参加工作了我差不多停止了业余学习，每天就只拿着教科书向学生宣讲一下书本知识，没有对自己加强素质、技能的训练，没有补充新的知识，这怎么能适应教育的发展，怎么对得起学生呢？我内心惴惴不安，于是便订了许多的杂志、参考书，挤时间来充实自己，提高自己。后来校长听了我一节课后，评价颇高，认为我如果按这个速度前进，不久可望跻身于优秀教师的行列。看到自己的进步，我在心里默默地念着：谢谢您，母亲！

母亲就是这样一个不懂教育理论却很会教育自己孩子的人。我的成长，我的今天，都离不开母亲的教育、影响。此时，我又想起了郑板桥临终时教育儿孙的那句话：滴自己的汗，吃自己的饭，自己的事自己干，靠人靠天靠祖先，都不算好汉。我的母亲也正是这样教育我的啊，我感谢母亲！

（林　云）

# 老三为什么最孝顺

太平庄有一户小康之家,父慈母爱,三个儿子勤快孝顺,全家和睦,生活安乐幸福。

转眼间,大儿子长大成人该成家了。一天,父亲把大儿子叫到跟前说:"孩子,你结婚的东西,我和你娘都给你置办齐了,再给你一笔钱拿去盖房子。现在我正式问你一句话:你成家后怎么对待我和你娘?"大儿子高兴地回答说:"我就像没成家时一样勤快、孝顺,不让您二老生气、受累。"老人听完就说:"你去院东那块地上盖房子垒院子,房子盖好后立即搬出去另过。"大儿子忙说:"我们不离开爹娘!"父亲坚持说:"就照我说的办吧!"大儿子只好去单过了。

过了两年,二儿子又该娶亲了。父亲又将二儿子叫到跟前,给了钱,像问大儿子那样问了一遍。当问到怎么对待爹娘时,二儿子想起大哥的教训,就说:"我成家后不光好好孝敬您二老,还要让媳妇也孝顺你们,好儿不如好儿媳嘛!我们一定会让您俩舒心地过日子。"老人听完以后说:"你到院子西边那块地上盖房子垒院子,和妻子搬出去另过!"二儿子知道再说也没有用,只好照办。

两个儿子都搬出去单过了，可心里一直很纳闷，不知道是哪句话说得不对，惹得老人非要把自己分出来？

一晃儿，老三又该结婚了。父亲照旧把老三招到跟前问了一遍，老三从容地答道："我和妻子要像对待自己的孩子一样对待爹和娘。"话刚说完，老人一拍大腿说："好儿子，我要的就是这句话，你结婚后就跟着我和你娘一块儿过吧。"

从表面上看，三儿子的回答颠倒了长幼辈分，似乎大不敬，但仔细想想却合乎生活道理。天下的父母疼子女真可说是无微不至，对自己想不到的对子女也想到了，而子女对父母的关心就差远了。人们都是往下疼不往上疼，如果能像关心自己的子女一样关心老人，那可真够孝顺的了。

有些老年人长期脱离社会活动，加上年老造成的思维迟缓，看问题有时显得幼稚甚至固执，成了"老小孩"，这时子女们就要理解老人，尽可能顺着老人的想法去做，像哄小孩那样让老人高兴。所谓"万事孝为先，百孝顺为先"就是这个道理。

（张远桃）

# 每朵花都市应芬芳

一帮年轻的父母聚在一起,话题不知不觉扯到孩子身上。有人提议,每个人讲个自己孩子有意思的桥段,提议得到了一致赞同。要说自己孩子的趣事,谁不是几箩筐也盛不完哪。

一位妈妈先讲了自己三岁半宝宝的故事。她说,自己的宝贝女儿非常调皮,带她的外婆根本对付不了。有一天,她正在上班,宝宝又在家里淘气了,她就打电话回去,想吓唬吓唬她,便故作严肃地对她说:"你要是不乖,等会儿妈妈回家了,一定给你点儿颜色看看。"女儿不吱声了。哈哈,一定是被唬住了。没想到,过了一会儿,女儿突然嗲嗲地说:"妈妈,你别忘了,宝宝喜欢的颜色是粉红色哦。"

多可爱的妞妞啊。众人都笑翻了。

另一位妈妈接着说。她家的宝宝是个不到五岁的男孩,似乎有问不完的问题。这不,问题又来了:"妈妈,为什么地球在转,我们却感觉不到呢?"妈妈想了想,告诉他,那是因为我们很小,地球很大,所以感觉不到。儿子说,但是我有个办法可以感觉到它在转。

说完就在原地转起了圈圈。一连转了十几个圈,最后东倒西歪地停了下来,晕晕乎乎地说:"妈妈,我现在感觉到地球在转了。"

多伶俐的孩子啊。众人笑得东倒西歪。

一个爸爸接了茬。那天,带四岁多的儿子骑车出去玩,骑到半路上,突然下起了雨。仲秋的雨,打在身上,已带有丝丝寒意。慌乱之中,赶紧拿出雨披穿上,怕儿子淋雨,所以,用雨披将坐在后座上的儿子挡了个严严实实。儿子躲在雨披下面,两只小手将雨披撑起一角,高兴地大叫:"包头雨,今天下包头雨!"

多乐观的孩子呀。众人纷纷竖起了大拇指。

前面一位妈妈又补充了一件自己孩子的趣事。孩子刚上幼儿园的时候,午睡时间到了,幼儿园老师让孩子们上床睡觉。可是儿子翻来覆去,就是睡不着。老师问他,为什么还不睡觉哇?这小子看着幼儿园老师,一本正经地回答:"我是来幼儿园学本领的,不是来睡觉的。"

大家七嘴八舌地谈论着、交流着,发生在孩子身上的每一件事,都是那么有趣、那么可爱、那么搞笑、那么温暖,孩子使他们原本平淡的生活充满了变数,也充满了快乐。

我静静地听着他们的讲述。我的孩子,今年已经读高中了,即将迎来人生中最重要最艰难的考试——高考。一天24小时中,除了睡觉和吃饭不得不"浪费"(儿子的原话)掉的八九个小时外,他的全部时间都用在了看书和做大量的习题上,他甚至连和我们说句话的时间和精力都没有了。而我们因为害怕打扰他,在家里走路都是小心翼翼地踮着脚尖。看着眼前这些年轻的父母们,我忽然想,我的儿子在他年幼的时候,也是充满童趣的。他活泼、调皮、可爱、搞怪,给我们带来无数的欢笑和温暖,是从什么时候开始,这种生活突然变得如此沉闷、如此压抑、如此不堪的呢?

忽然明白,每一朵花都本应芬芳、灿烂、快乐,是我们自己先掐灭了孩子的天性,也掐灭了自己的快乐呀。那么,我眼前这些年轻的父母们,在不久之后,他们会不会也和孩子同时一步步地失去快乐的童年、少年和青年呢?

我嗅到了芳香,我希望他们不夭折。不知道这能不能做到。

(孙道荣)